{传播大讲堂论丛}

广播学核心概念

[英] 修·切格内尔（Hugh Chignell） 著

孟伟 译

Key Concepts in
Radio Studies

中国传媒大学出版社
·北京·

中译本序

在本书第一版序言中，我提及本书是"相对较新的广播研究"。本书出版至今已经有十年了，很明显，今天的广播和音频媒体研究已经成为生机勃勃的研究领域和学术阵地。各类学术会议、著作、期刊论文、大学课程……都为广播和其互联网伙伴——音频媒体领域的学术研究作出了贡献。中译本相较于英文版本大部分内容没有变化，这个新的序言将补充反映近年来已经出现的一些研究现象和讨论主题。

尽管今天广播研究以令人振奋的方式发展着（"广播"这一用语涵盖"电台和音频媒体"），但是回顾20世纪后半叶广播被视觉媒体挤压的现实，今天看来仍有意义。作为一个广播史学者，我想说，在欧洲和美国（当然还有更多我所不了解的其他国家和地区），20世纪50年代随着电视的崛起，广播作为一类媒体衰落了。特别是大不列颠公共服务媒体的代表BBC，其资源和人才均从广播流向了电视。广播变为服务部分人口（年轻人、经典音乐的粉丝和地方社区）的"小众"媒体，不再是整个国家人民"会面"的地方。吸引海量受众（包括奥林匹克运动和皇家婚礼及葬礼）的大型"媒体事件"是由电视来报道的，这得益于20世纪60年代随着技术发展彩色电视机的诞生，以及随后录制和存储技术的进一步发展。

视觉文化占据着垄断地位，因此媒体研究也主要关注电视和电影研究。大不列颠媒体研究在20世纪70年代开始出现在大学里，然后进入中学和大专院校，当时的现实情况是"视觉媒体"和"印刷媒体"研究为主流，非常忽略广播。20世纪末对广播研究的这种忽视包括：大量的书籍和其他出版物（学术期刊、杂志)都是关于电影研究的,尤其是好莱坞电影研究。那一时期关于电影导演、个人电影、电影类型和电影理论的书籍激增,正如前面提及的,广播电台,包括广播的制作人、编辑、主持人和节目等,几乎被完全忽视了,这种情况至少在英国是真实发生的。

尽管存在极大的视听研究的不平衡和对听觉媒体文化的忽视,广播仍未消失或被遗忘,并且采取了一些小步骤措施重新引起人们收听广播的兴趣,并最终促成了广播研究的诞生。美国对广播的历史有着持久的兴趣。业余爱好者和怀旧人士心怀对"旧时代"和"黄金时代"广播的热爱,20世纪90年代推出的"旧时光广播目录"(OTRCAT.com),意味着数千小时的美国老广播的播出,听众有机会收听到大量具有历史感的电台节目。除了这些关于广播收听领域的情况,美国也出版了一批关于广播史学研究非常重要的书籍,尤其是米歇尔·希尔姆斯(Michele Hilmes)的《广播声音》(*Radio Voices*)和苏珊·道格拉斯(Susan Douglas)的《倾听》(*Listening In*)。这些有影响力的文字被收入了米歇尔·希尔姆斯和詹森·洛维格利奥(Jason Loviglio)主编的广播史论著《广播读本:文化历史中的广播论文》(*Radio Reader: Essays in the Cultural History of Radio*)中。近期的学术成果包括大卫·古德曼(David Goodman)的《电台的公民抱负:20世纪30年代的美国广播与民主》(*Radio's Civic Ambition: American Broadcasting and Democracy in the 1930s*)和尼尔·维尔马(Neil Verma)的《心灵剧院:想象力,美学和美国广播剧》(*Theatre of the Mind: Imagination, Aesthetics and American Radio Drama*),这些著作令人印象深刻。另外一部在广播研究发展历史上,至少在英语世界中,拥有很高影响力的著作是1986年出版的安德鲁·克里斯尔(Andrew Crisell)早期在这一领域具有开创性的著作《理解广播》(*Understanding Radio*)。其他开端性的著作包括英国出版的大卫·亨迪(David Hendy)的《全球时代的广播》(*Radio in the Global Age*)。到了我自己对广播研究文献积累作出贡献之时,与视觉媒体研究得以分庭抗礼的广播研究的独立性已经确立,即将进入广播研究的第二个发展阶段。我们可以从出版物(包括书籍和期刊文章)中判定有关广播最新研究和写作的主要主题,但我认为更重要的是,那些为行业会议提交的论文也很值得关注。希尔姆斯和洛维格利奥的《广播新浪潮:数字时代的全球声音媒体研究》(*Radio's New*

Wave: Global Sound in the Digital Era, 2013）是作者早期历史性思考的后续著作,其中包括数字广播、音乐电台、青年、种族、纪录片、加勒比地区电台、广播历史、广播和时代的研究。2018年意大利普拉托举行的国际广播会议上,有涉及广泛广播主题的小组讨论会,但引人思考的是,除了两个小组的讨论涉及音乐和广播、广播史、女性和广播、社区广播、广播和艺术之外,几乎每个小组都在谈论播客。

关于当前广播研究热点体现最明显的或许是2019年意大利锡耶纳举行的欧洲传播研究与教育协会的广播会议议题。再次重申,广播历史研究、社区广播、女性和广播、广播与艺术等议题均有所涉及,与广播研究相关的研究主题被广泛扩展(听觉文化、广播和传播学、热线电话、广播和社会化媒体、广播和战争等),但是播客仍然是最突出的议题。可以说自本书首次出版以来的十年间,广播研究作为一个领域,虽然涵盖了非常广泛的问题,但播客研究一直是被特别关注的领域,社区广播的兴起和持续性地被关注也是一个很明显的议题。尽管我对中国广播知之甚少,我想这些议题对于广播业界和学者来说,应该也是有很大兴趣的。

现在我想谈一下本书中有些过时的地方。我写作本书时,潜意识里是以大不列颠和美国为主要讨论语境的。提及我选择的核心概念,一部分原因是个人化的,一部分是出于理智的选择,我的早期著作深受美国广播学者和美国广播案例的影响。很遗憾地说,大量来自欧洲和其他国家的案例被忽视了。作为"婴儿潮"一代,我生于二战结束后,那一时期,来自美国的文化对英国的影响达到了巅峰。美国的音乐、广播和著作都影响着本书的写作,今天看来很可能有些狭隘和短视了。尤其是欧洲学者对广播研究的影响很大,其他国家和地区,比如澳大利亚、加拿大的学者也是如此。也请本书的读者谅解我早期认识的不足,然后思考如何将这些很大程度上基于英美两国的理论思想作为中国广播研究的参照点。

当孟伟教授第一次提出要翻译本书时,我很担心中国的读者是否会有兴趣阅读一本未提及中国的广播理论和历史的书。但是她劝我说,书中一些核心概念对于中国的学生、广播工作者和学者而言,将有助于他们理解广播原理和广播媒体的本质。为什么广播和音频媒体仍在全球范围内存在甚至蓬勃发展？是因为广播所独具的"亲密感""即时性""社交性"等特性,这些非视觉传播的独一无二的特性,正是100多年前广播作为人类历史上第一个电子大众媒体诞生时,我们的前辈所发现的。

修·切格内尔

伯恩茅斯大学媒体史研究中心

2019年9月

序　言

这是一本有关广播,且研究角度相对较新的书。实际上,这应该是第一本在书名上被冠以"广播研究"一词的书。自 20 世纪初被发明以来,广播一直作为人们研究和讨论的对象。已有很多涉及广播技术层面的著作,在广播研究的重大主题方面,例如广播历史研究、广播话语本体研究和广播剧研究等,著作也颇多。当然,与电影和电视文学研究相比,广播研究的著述就相对少了些。反观本书,是在已经出版的文献中为数不多针对广播本体研究的著作。过去很少有学者将注意力转移到媒体研究或传播研究中广播这一细分领域,希望本书朝着这个方向迈近了一步。

在英国学术界,广播研究被忽视有多种原因。媒体研究的命题主要是由伯明翰大学当代文化研究中心主任斯图亚特·霍尔(Stuart Hall)发起的。正如斯坎内尔(Scannell)解释的那样,"当时研究中心主要探索新闻、广播和电视,但是在这三重唱中,最后一部分在当时,也就是 20 世纪 60 年代,是英国大众每日生活中娱乐、政治信息和社会言论信息获取最为流行的方式"(2007:199)。因此,这个研究中心里一些最具影响力的研究成果,往往体现在电视研究方向上,例如针对电视节目《国家视野》(*Nationwide*)的研究和针对电视时事报道节目《全景》(*Panorama*)的详细分析(Scannell,2007:212)。此后,霍尔的同事和学生们继续在英国沿着这条路专注地进行关于电视这一权威媒体的研究。而作为视觉媒体研究的学者们,特别是在主要研究电视媒体的学术环境下,暂时忽视广播研究也就不足为奇了。美国广播研究看起来似乎更为健康一些,本书中我的一些讨论受到了美国广播研究成果的影响。美国广播研究有一个传统,就是要回到战前去看广播。一个很好的案例是,普林斯顿广播研究办公室出版了哈德利·坎特里尔(Hadley Cantril)针对奥森·威尔斯(Orson Welles)著名的广播节目《世界大战》(*War of the Worlds*)的研究,获得了公众的好评。

过去,比较普遍的学术现象是,有关广播研究的著作会被冠以相当谦逊的理由去描述这个"被忽视"的媒体。我们生活在一个视觉传播时代,电视占据着支配地位,广播虽不应该但仍被忽略了。广播确实被忽略了,这是一个事实。说起媒体研究的著作,通常都是指向电视媒体研究的,甚至广播剧研究的重要性也被忽略了,正如对广播新闻和广播时事报道的研究被忽略了一样。媒体研究实际上更多是针对视觉媒体的,勾画的是粗线条的媒体研究图景。当然,今天的发展状况有所不同了,很少有人单为一本关于广播的书进行辩护,因为没有必要。本书提及的广播,不仅意味着模拟信号播出的广播,也涵盖数字广播、互联网广播和播客,广播业界已经发展到这个程度,没有必要无视现实存在。有些读者可能会认为我延展了"广播"这个概念,甚至将"音频"包括在其中,具体指向互联网技术和播客。我认为这种看法没有必要。媒体不会被它的传输技术所定义:因为它的生产方式,播客可以被保留在广播中。电影还是电影,尽管已经使用数字摄像机录制,并可以在电视机上进行观看。

在写作本书的过程中,我颇为冒昧地提出了广播研究中存在的一些核心概念。针对这个问题的讨论是开放的:在当前发展阶段,针对某一媒体研究领域的核心概念框架是没有定论的。我对概念的选择,几乎不反映其一般表层的用法,取而代之的是试图列举和描述在我看来十整个广播行业十分有用和突出的想法和术语。不同的作者会选取不同的概念,我为什么选择这些概念,会在下面解释原因。

本书选择的概念,分为两个主要来源。第一个来源是广播行业的内容生产本身,包括节目类型和节目模式(热线电话、新闻、喜剧等),也包括广播行业中一些核心的想法和多种实践(如广播类型台、听众、广播新闻业)。这些术语是在广播行业中应用,并在专业领域内通行的。第二个来源是媒体研究包括广播研究的学术领域中有关广播的著作。例如,关于广播被看作具有"亲密感"的媒体,在广播研究的文献中是一个高频主题。类似的还有广播的"现场感"和有关广播DJ的"角色构想"。本书没有选择那些在广播行业中经常被使用,但属于试图从外部理解其意义的媒介批判性论述视角下的概念。此外,有一些概念不是广播媒体独有的,例如"想象共同体"不是起源于广播的概念,但关于这个角度的论述出现在了很多著作中。另外有一些概念,如"公共服务广播""宣传""发展",这些概念扩展了广播研究的视野,这些研究课题使我们可以对媒体的理解更为宽泛。最后,还有一些概念,在过去的著作中被提及不多,但从我个人的角度看,对于广播研究具有很大的潜力。针对这些概念,我使用了所谓的"诗意许可"来形容。比如"广播政治参与""广播化""广播世界",实际上如何定义目前尚无共识,但有一点很清楚,它们是很有用的概念,本书大胆尝试定义它们,并解释它们为何重要。

在研究写作单一词条的过程中,我需要一些论据。这里主要受到两方面的影响:一是我个人对于广播历史研究的兴趣;二是为了更好地理解广播,不仅考虑到英国也照顾到了同一时期的美国经验。很多词条被置于20世纪历史性语境中进行解读,帮助我们认识今天的广播发展。本书主要借助美国和英国的案例和经验,采用这种跨大西洋两岸国家的方法,部分原因是出于理智判断,部分是个人化的选择。我想说,如果对大西洋两岸的国家进行研究,我们对媒体每一个角度的理解可能会更好。针对"管制""DJ""本地化"这些概念,如果同时考虑到美国和英国传统,理解起来可能会更为完善。这两个国家的例子有足够多的不同和足够多的相似之处,可以使比较更有价值,并且如前所述,美国有很强的广播研究学术传统,已经出版了诸多重要文献。我认可美国案例的另一个原因是,我是"婴儿潮"一代的一员,这一代人是在20世纪五六十年代美国文化对英国影响力达到顶峰状态下成长起来的。杰克·凯鲁亚克(Jack kerouac)、肯·凯西(Ken Kesey)、感恩而死乐队(The Grateful Dead),这些都是我所受到的文化影响,因此,当我开始为写作本书做研究时,发现自己转向了关注美国广播研究两个最重要的文化历史阶段:米歇尔·希尔姆斯的《广播声音》和苏珊·道格拉斯的《聆听》。这些资料与克里斯托弗·斯特林(Christopher Sterling)的大作《广播百科全书》(*Encyclopedia of Radio*)在本书写作中被广泛借鉴,才使得本书出版面市成为可能。我还要补充说明的是,安德鲁·克里斯尔开创性的著作《理解广播》,首发至今已经历经四分之一世纪,但该书仍然在持续地产生重要的影响力。本书反复引述了克里斯尔的著作,像他一样,本书也曾尝试讨论"广播媒体的独特特征"(Crisell,1986:xv)。

对于学生来说,广播是一个值得关注的研究领域,其实对学者也是如此。这个古老的电子媒体有着无可救药的魅力,曾经是唯一的电子媒体,之后成为电视成功背后的受损者,后因流行音乐和青年文化的声音表达而获救,现在则处于更民主、用户自制音频形式的巅峰,广播看起来似乎既古老又现代。过去如此,将来也会如此。我们身处视觉文化垄断下,不带有视觉影像的广播仍在坚守。作为"不可视"的媒体,正是这种"非视觉"化让广播拥有一种特别的传播力量。尽管视觉传播是重要的,甚至是带有垄断性的,但在广播中这种经由面对面交谈、电话、音乐的声音传播,既显得与众不同又显得特别重要。我们不再生活在所有传播行为和知识都是通过话语达成的口语传播时代,但却生活在"第二个口语传播时代"(Ong,1988)。在这个新时代中,电子媒体(包括广播)在话语和声音的即时性、亲密性上正蓬勃发展着。本书反映甚至颂扬的是广播的独一无二,更是无法征服、不可抑制的声音表达。

本书中词条之间的交叉注释是一种大胆的探索。

修·切格内尔

伯恩茅斯大学媒体学院

2008年8月

# 目 录
>>> CONTENTS

第一部分　节目类型与节目制作

音响　/ 3

广播谈话　/ 6

喜剧　/ 11

DJ 和主持人　/ 16

广播纪录片与广播专题节目　/ 22

广播剧　/ 27

广播杂志类节目　/ 32

音乐节目　/ 36

热线电话节目　/ 41

播客　/ 46

录音报道　/ 50

连续剧和肥皂剧　/ 55

体育广播　/ 60

广播脱口秀　/ 65

第二部分 听众和接收

听众 / 71

非视觉化 / 76

广播符号 / 81

共在 / 84

热媒介与冷媒介 / 89

想象的共同体 / 93

亲密感 / 97

现场感 / 101

声响 / 105

广播化 / 108

广播世界 / 111

广播接收 / 114

次要媒体 / 118

声音文化 / 122

声音景观 / 125

第三部分 广播行业

广播广告 / 131

商业主义 / 135

社区广播 / 141

媒体融合 / 146

广播类型化 / 149

互联网广播 / 153

地方主义 / 158

微型广播 / 162

海盗电台　/ 166
管　制　/ 170
传　输　/ 176

第四部分　政治和公共空间

时事报道　/ 183
发　展　/ 188
性　别　/ 191
仇恨广播　/ 196
广播新闻业　/ 199
广播新闻　/ 202
政治和公共空间　/ 207
宣　传　/ 213
公共服务广播　/ 217
广播政治参与　/ 223

参考文献　/ 226

译后记　/ 235

节目类型与节目制作

音响
Acoustics

> 音响是指某一特定的物理环境中,声音的质量和性质;通常也指"声学异位"①中发出的声音和听到的内容。

对于广播而言,音响这个概念有两种不同的理解层面。在广播节目中,从专业制作的角度看,音响既指未经过加工处理的自然声音要素,这些声音要素往往发生在不同的时空中,也指那些经过技术处理的声音。音响在广播剧的讨论中比较典型,但更普遍的应用是,"音响"这个词与声音作品和听觉信息密切相关,特别是与文化和历史关照层面下的声音有关。

在广播节目中,特别是涉及室外录制的,环境声音质量是一个重要因素。这在一定程度上是由物体表面的反射性和它们与麦克风的距离决定的(Starkey,2004a:11)。在反射环境中,声音会在坚硬物体表面发生反射回弹而形成回声、"回响"或"共振"。大厅和卫生间会产生很大的回声,对于教堂和礼堂而言,空间越大其回声速度越慢。在广播剧中,这些情况会体现在外景采制声音中,也会体现在录音室经过人工合成的声音中,为剧情添加气氛。音响能使听众"听出空间感"。换句话说,"空间由音响效果创造"(Shingler and Wieringa,1998:56)。这些声音特质丰富了听众的体验:

> 如果各种音响都在录音室里被录制,同时消除所有共振效果的话,那么这些音响听上去好像和听众所处的空间一样,模仿了人

---

① "声学异位"原文 acoustic dislocation,指说话人与听者不在同一个时间或者空间范围内。——译者注

们家中的音响效果,因为家中的音响往往是被地毯、壁纸、窗帘和家具等减弱了回声的效果。(Shingler and Wieringa,1998:56)

当然,录音室录制的声音共振消除是为了强化收听体验的亲切感,同时也是为了模拟主持人或者 DJ 与听众面对面的交流感。

关于音响的另一种理解,可以从听觉文化和历史发展的层面找到。艾米丽·汤普森(Emily Thompson,2004)出版了一本讲述 20 世纪早期声音和技术历史的书,书名是《现代声音景观:美国的建筑声学和听觉文化(1900—1933)》(*The Soundscape of Modernity:Architectural Acoustics and the Culture of Listening in America*,1900 - 1933)。这本书不是直接关于广播的,而是审视了当代美国更宽泛意义上的声音景观,或者说听觉景观。她评论说,在美国喧嚣的都市环境中,声学技术被用在建筑和建筑材料上,试图降低现代科技(如火车、汽车、留声机)产生的噪音。渐渐地,一些诸如电话、广播等"电子声学"设备改变了人们的听觉体验,超越了"听者"听到的内容,产生了更大程度上的控制影响。这个新的听觉特征是"声音逐渐与空间分离"(Thompson,2004:2)。也就是说,电话是把交谈发出的声音与交谈对象实际所处的空间分隔开。同样,广播也使一些声音,甚至是一些来自其他国家的声音,在广播听众的耳机中响起来。

回到"音响"这个词,可以说声学体验经过历史沿革朝着两个方向发展:对所听到内容的控制、声音与地点的分离。这个结论不仅是文化历史学家得出的,也是由当代文化事件中的音频消费现状决定的。个人化的音频播放器(如索尼 Walkman,或者其替代品 MP3 播放器等)在多种方式上丰富了人类的声学体验,这些经验正如前面汤普森所描述的:

> 戴着耳机收听就好像拥有一个奇妙的城市声音环境的解码器。移动收听者使用耳机不仅可以保护自己免于城市噪音入侵,而且可以过滤和提升赋予此时此地以意义的正在经历的事件。
> (Thibaud,2003:330)

在这个意义上,老式的随身听卡带播放机技术剔除了人们不想要的声音,取而代之的是被选择过的听觉内容,"戴着耳机的路人被导引着将数个世界合一:其中一个世界是他所听到的世界,还有一个世界是他所在的现实世界"(Thibaud,2003:331)。听者与所在实际位置的声学异位也是移动电话使用过程中的特点,在这里声音体验似乎将使用者从城市环境带到了其他地方。"我感觉自己不再嵌入此时此地的位置",卡洛琳·巴塞特(Caroline Bassett)谈及她的电话使用体验时说,"今天的城市道路上似乎到处都有虚拟的、通向一扇门的路,打开后就能进入其他地方"(2003:345)。

音响的内涵和声音景观的相关概念对理解当代广播十分有帮助。这些理念使我们将广播与其他听觉模式和技术联系起来,并使我们明确认识到历史和文化因素都对我们的听觉有影响。

❓ 思考问题

1. "音响"这一概念有几种不同的理解层面,为什么?
2. 为什么"空间由音响效果创造"?
3. 什么是"声音景观"?

➲ 延伸阅读

Shingler, M. and Wieringa, C. (1998) *On Air: Methods and Meanings of Radio*. London: Arnold. pp.54-61.

Thompson, E. (2004) *The Soundscape of Modernity : Architectural Acoustics and the Culture of Listening in America*, 1900 −1933. Cambridge, MA: MIT Press.

Thilaud, J. (2003) 'The sonic composition of the city', in M. Bull and L. Back(eds), *The Auditory Culture Reader*. Oxford: Berg. pp.329-41.

广播谈话
Broadcast Talk

> 广播谈话是指一种在电台进行的特殊的公开的广播播讲方式。

广播谈话在广播中的重要性已经无须再做任何夸大,早已众所周知。如同视觉图像(或者图片)是电影和电视业的基础一样,广播中的"谈话"经常被描述为广播的"基本符码"。甚至在音乐广播中,谈话的作用也十分关键,正是 DJ 带有评价性的关键话语,表明了这是广播音频流,而不是自动点唱机。

但是究竟什么是"谈话"?是一般意义上的语言表达吗?更进一步来说,什么是"广播谈话"?它在本质上是否与"普通谈话"一样,只不过碰巧是通过广播的渠道传播而已?第一个问题的答案很清晰,语言是一种具有自身规律、词汇和语法的体系,可以有无数种不同形态的"谈话"模式。所以语言可以被用在法庭等正式语言环境下,但其与被用在游乐场或者大街上等非正式场合的语言有很大的不同。在广播理论研究的语境中,"谈话"既指语言(词汇和语法)的使用,也指表达模式(包括使用"你、我们、我"等用以表明话语表达的对象等),还包括谈话者的声音状况,例如口音、噪声比率和语速。但是"广播谈话"与每天的日常谈话还是有明显区别的。我们在广播中听到的主持人与热线电话参与者的交流、DJ 的交谈,或者合作的主持人之间的闲聊中有许多潜藏着的却十分不同的特征,它们只是听起来与日常谈话有些相似,但实际上却截然不同。

最初,广播谈话[这个定义通常要与帕蒂·斯坎内尔(1991)的节目联系在一起]意味着无意中听到,像是在"偷听"。这一意味在主持人的直接表达和 DJ 直接对听众的谈话中表现明显；这种感觉也出现在我们听到的主持人和参加节目热线电话听众之间的对话中。斯坎内尔使用了"双衔接"来表述广播谈话的这个特性；传播发生时同时存在两种交流模式：主持人和与他对话的人之间的交流模式，以及这个谈话与听众之间的交流模式。所以，虽然听上去像"聊天"，但这种聊天是为上千人共同收听而设计的。这里有一个很重要的情况，值得关注：对无意识收听的听众而言，广播听起来像什么？其与更深层的真实情况之间的张力关系是什么？真实情况是，广播电台和主持人对于什么话应该被听到，什么话应该被说出来，有完全的控制权和施压能力，只是呈现出的方式或多或少有区别。正如斯坎内尔所说，"和其他社会机构一样，广播的权力体现在，通过预置社会角色和社会地位，通过控制内容、风格和事件持续状态等方式，在自己的场域内对'社会交往'这个术语进行定义"（1991：2）。我们听广播时能听到许多幽默打趣的话语，表面上是即兴的，实际上事先已有脚本或是经过了排练，这是上述机构性权力的一种体现。第一，笑话、旁白、话题、对话事先都已经排练过，并且底稿就在主持人的面前；第二，打进热线电话的参与者也是经过仔细筛选的，当他们说了不该说的话时，电话会被挂断。

广播谈话具有某种制度性和人为预演的特点，但是必须不能让听众察觉到。以 DJ 或者热线电话主持人为例，努力做到说话听起来很自然、日常生活化十分必要。尽管面对的听众数量众多、所讲内容也是提前准备好的，但主持人的表现必须力求"显得自然"，他们的说话方式听起来必须像日常谈话而不是念稿子。英国有一段有趣的、被完整记录的广播谈话的发展史。BBC 谈话节目部的第一个主任希尔达·马特逊（Hilda Matheson），是当时为数不多认识到这个道理的人，即要让写好的广播稿子在听众那里听起来像是非正式、自然而然的谈话，而不应该像是在做某种演讲（Scannell and Cardiff, 1991：166）。对某些主持人来说，表现出平常和自然的谈话风格确实是他们本性的体现，但是持续不断地生产每周几个小时甚至每天连续播出的谈话节目，就使得广播谈话比它所实际呈现出来的更像一种表演。

广播谈话的贴近性和"显得日常化"的表演与斯坎内尔提出的另一个概念——"共在"（co-presence）具有相关性。许多当代广播成功的关键就是主持人或者 DJ 营造出这种不管怎么说,都像是与听众同时同地进行交流的"感觉"。所以当清晨我们打开收音机听到"孟菲斯市(或其他地方)美丽的一天又开始了"时,我们被鼓励产生这样的感觉:主持人此时此刻是与我们在一起的。主持人表现出的谈话贴近性,再加上"共在"感和经验分享,这些内容(尽管不是全部)通过广播谈话进行了大范围的传播。对于受众而言,这种基于每日生活可以分享的参与感,通过广播比电视更容易获得,因为广播主持人并不是屏幕前客观化的一个具体形象。比起无具体形象指向的知名 DJ 的声音,这种"共在"的感觉很难被电视日间节目中画着精致妆容、坐在演播室椅子上的主持人唤起。

广播谈话的另外一个特征是"现场性"(liveness),它建构了广播日常感,强化着"共在"感。上溯至 20 世纪中期,几乎所有的广播都是直播,听众知道来自无线广播的声音就是有人刚刚在演播室的话筒前讲出的。尽管现在许多广播节目都是提前录制好的,但是"修辞上的现场性"仍主导着广播(参见"现场感"词条)。可以这样说,广播最大的实力之一,或者说广播在当今视觉传播主导格局下,且基于 MP3 和互联网点播音频内容模式下,仍然可以存活的一个重要原因是广播对于"现场性传播"(live communication)的坚持。这里强调"坚持",是因为"现场"这个词表达的意思,时刻体现在广播主持人重视在节目中呈现这种现实感:"接下来你听到的将是现场……""此刻这里发生……"等等。在广播谈话中,广播的现场感经由谈话的自然性和即时性传播来呈现。我们在听的时候之所以会产生现场感,不仅因为主持人和 DJ 做的备注均指向今天发生的事情(国内或本地),也缘于广播谈话中间包含着"呃嗯"、"小差错"、无稿件的自然停顿和即兴发言等成分。

我们再举一个广播谈话的例子,就会发现广播不同特点之间的相互作用。卡伦·阿特金森和肖恩·摩斯伦(Karen Atkinson and Shaun Moores, 2003)分析了一档热线电话节目《现场和直击》(Live and Direct)。这个节目于 20 世纪 90 年代末在英国商业广播电台"广播脱口秀"(Talk Radio)[现更名为"体育脱口秀"(talkSPORT)]播出,由安娜·瑞本(Anna Raeburn)主持。正如他们所指出的,节目名称就体现了现场感和即时性。这个节目鼓励打进电话的听众与知名主持人讨论个人难题,这一节目类型源自 20 世纪 70 年代美国发展起来的"治疗性建议提供"节目模式。尽管瑞本会在节目中给出建议,她同时也强调自己既不是医生也不是专家,而是与打进热线电话的听众一样都是普通人,正如下文摘录自节目的介绍:

> 我们不会判断(1.0)任何您做的事情(1.0)我们所做的就是通过免费电话 0500 105839 给您提供一次谈话的机会(2.0)来看看有哪些选择的范围(.)除了你自己,那些对事情没有切身利益的人不会为你做出决定(.)我常常会听到一些生活中不如意的事实(1.0)我想告诉你的是:在这种状态下,我的身份就是一个倾听者(.)和你一样,也会失败也会受伤害也会受到打击也会悲观厌世(.)如果你想谈一些事,这些事让你担忧,让你觉得自己很傻、很愚蠢、很渺小,那就不要担心了(.)因为每一个人都会有感到自己(大笑)很傻、很愚蠢、很渺小的时候(.)这是一种困境(.)如果你想参加节目的话,再重复一遍可以免费拨打电话:0500 105839。(Atkinson and Moores,2003:133,括号中的数字表示短暂停顿的时间,"."表示短暂停顿)

这段话中的停顿、笑声和直接表述都指向对"现场感"的建构,很鲜明地呈现了日常谈话的自然状态。安娜·瑞本将自己描述成了一个普通人(我也是个普通人),她使用"我们""每一个人""加入我们"等话语,"与听众"且"在听众中"营造出一种强大的"共在"感。

当然,广播谈话依据节目类型、节目模式、目标受众、BBC 的各个频率或者其他电台的特色、播出时段等有很大的差别。主持人或者与其讲话的人,自身的文化背景因素也会影响到节目。新闻、分析评论、纪录片、体育直播、对话和不同类型的音乐广播等均有各自的谈话类节目。比如,安德鲁·托尔森(Andrew Tolson)描述 BBC 直播 5 台(Five Live)是有关新闻和体育的广播频率,正如其名强调了预测现场感(2006:94)。对体育的关注迎合了工人阶级、男性听众的口味,现场评论员和主持人也与 BBC 其他频率不同,他们往往操着浓重的各地口音和方言。在周六的比赛结束后的热线电话节目

《606》(606)中,所有那些现场感、"共在"感和日常感的特征均体现了出来,主持人无可辩驳的权威性特征也呈现了出来。托尔森形容这种在《606》节目中出现的"对抗式交谈",即热线参与者和主持人之间争论足球的方式,在某种程度上像极了(也有故意的成分)两个在酒吧中争论的男人。

苏珊·道格拉斯在谈论"美国广播和文化"时,注意到了广播谈话惊人的多样性特点。她描述了1978年在纽约听广播时的情形。在调幅(AM)谈话节目中,鲍勃·格兰特(Bob Grant)冲听众喊道:"你这个讨厌鬼!挂断电话吧!""你这个说话拐弯抹角的虚伪的笨蛋!"同一时期,在调频(FM)国家公共广播中,乔·弗兰克(Joe Frank)在回忆孩提时代时提到,"当你还是个孩子的时候,你兴致勃勃地体验任何事情,世界令你眼花缭乱,特别是那些活生生的事物"(Douglas,1999:284)。尽管这两个节目,甚至每一种广播谈话都非常不同,但相同的是,我们从广播中听到的每一字都在唤起我们的自发性、日常感和"共在"感,促使我们打开收音机后想不断地听下去。

思考问题

1. 广播谈话的特征是什么?
2. 如何理解广播谈话的"日常化特征"?
3. 广播谈话如何营造"共在"感?

延伸阅读

Scannell, P. (1991) *Broadcast Talk*. London: Sage.

Tolson, A. (2006) *Media Talk: Spoken Discourse on TV and Radio*. Edingburgh: Edinburgh University Press.

Moore, P. (2003) Legacy. Fourth phase public service broadcasting in Northern Ireland, *The Radio Journal: International Studies in Broadcast and Audio Media*, 2(1):87-100.

喜剧
Comedy

> 喜剧是一种语言类广播节目，包括多种多样的娱乐性节目要素。喜剧性通常也是电台DJ表演的一个特征。

谈论广播喜剧的成功和重要性总会让人觉得有点儿奇怪。为什么原本植根于视觉的东西（想想各种做鬼脸、滑稽的服装、打打闹闹的肢体方式）会在非视觉媒体上取得成功呢？更进一步说，喜剧在广播的发展和成功中占据了重要的位置，甚至高水平的视觉喜剧形式（包括腹语术）也能在广播中得到完美的呈现。这个问题是由克里斯尔提出的，他也曾评论，通常听众都是以个体为单位来听广播的，但是笑，这个对喜剧的本能反应，却通常是一种集体行为（1994:164）。某些喜剧明显很适合在广播中播出，比如叙事性的笑话，或者拥有强烈、鲜明人物形象和好剧本的情景剧。喜剧可以很好地利用广播"非视觉"的特性。20世纪50年代具有标志性的英国广播喜剧《亡命暴徒》(*the Goon Show*)，就是一个很好的例子。用克里斯尔的话说，这是一部具有"广播专属性"特征的节目，在超现实的声音体验中开发视觉形象缺乏下的声音传播效果（参见"广播化"词条）。

广播喜剧究竟是什么？"喜剧"这个词可用于描述广播的某些特定节目类型，如情景喜剧、智力问答节目、素描喜剧(sketch show)，所有这些都包含喜剧的成分。但是幽默，作为一种"滑稽"和"诙谐"的心情状态或者一种传播形态，不仅是喜剧节目的特点，也能在DJ主持的节目、体育报道甚至一些较为轻松的新闻消息中发现其踪迹。那么，什么是幽默的特征？至少有一个特点：幽默在社会观念层面上的"侵入性"，稍微跨过一般而言"得体"的边界,试图嘲笑,甚至嘲弄生活中严肃和重要的某些方面。但问题是这种越界很容易冒犯到别人,把我们置于一个"介于幽默和冒犯之间的危险地带"(Lockyer and Pickering,2005:3)。所以尽管幽默通常被视为一件好事,因为幽默有助于忘记烦心事,但是也很容易冒犯别人和增加偏见,特别是对于少数民族群体和弱势群体。近年来西方世界和伊斯兰之间越来越紧张的关系就为我们提供了大量相似的例子。2006年,一本丹麦杂志刊登的漫画对先知穆罕默德开玩笑,导致世界上某些地区爆发了抗议游行。任何对广播喜剧的讨论首先需要承认喜剧有冒犯他人的可能性,事实上有一些广播主持人反而故意追求这样的效果。

　　广播历史向我们揭示了广播喜剧在媒介发展中的核心作用。美国没有哪档广播节目比《阿莫斯和安迪》(Amos'n'Andy)更为著名的同时也更为声名狼藉。该节目1928年开播,由两位白人演员扮演两位刚到芝加哥的黑人"乡巴佬"。在论述这个节目时,希尔姆斯指出,那是一个黑人表演者完全缺席和白人制作者掌控广播话语权的时代(1997:75)。下面是早期节目《山姆和亨利》(Sam'n'Henry)中的一个节选片段:

　　山姆:亨利,你以前见过这么慢的骡子吗?
　　亨利:噢! 这匹骡子已经很快了,我们马上就要到火车站了。
　　山姆:你知道去芝加哥的火车不会等任何人——它按时发车——按时停车又继续发车。
　　亨利:好吧,我们再过两个建筑物就到了——不要那么没耐心,不要那么没耐心。
　　山姆:我希望芝加哥有比这个更快的骡子。(转引自 Hilmes,1997:87)

　　无须解释,这两个主角使用不合语法和令人困扰的英语,所扮演的角色特别守旧、落伍,剧中两位主角阿莫斯和安迪都相当懒惰、愚蠢、迷信、强人所难,甚至有些娘娘腔。这种受黑人剧团启发的早期广播喜剧,虽然在一定程度上形象地展现了美国黑人的生活经验,但却是以一种自我优越的、排他的方式表现出来的。

今天,如果两个白人把脸涂黑、假装成非常愚笨的非洲裔美国人,那将是让人无法接受并且带有种族歧视性的。但是我们还会发现,梅·韦斯特(Mae West)1937 年在《柴思和桑伯恩》(The Chase and Sanborn Hour)[以腹语专家埃德加·卑尔根(Edgar Bergen)和他的傀儡查理·麦卡锡(Charlie McCarthy)的表演为节目特色]中的表现现在看来是可以令人接受的,但却不受那时听众的欢迎。韦斯特有一个声名狼藉的外号"荡妇",她在演出中毫无顾忌地使用性暗示,她的演出突破了当时社会的性忌讳,从而引起了广泛的社会不满。该节目设法引起最尖锐的评价,因为,"30 分钟的节目时间内,韦斯特在广播中的主要演出行为,即讨论异性恋女性的欲望是与当时广播执照所限定的传播内容相冲突的"(Murray,2002:136)。

早期的英国广播喜剧与它的美国同行一样,依赖于剧院(或音乐厅)表演形式和演员们。早期 BBC 喜剧是轻娱乐类(light entertainment)节目的一部分,以素描短剧(short sketches)和单口喜剧(stand-up routines)为特色。战前喜剧是为数不多的能听到宗教和工人阶级声音的地方。但是工人阶级的喜剧节目容易出现一些粗俗的情况,必须确保节目制作安全,并且不能侵犯到其他人。

> 过去工人阶级的娱乐节目是集体性的、无序的、即时的——被定义为"粗俗的"。中产阶级的娱乐节目是有序的、有条理的、冷静的,这一美学原则是 BBC 所理解的大众休闲的需求……比较困难的是,广播节目要做到把娱乐节目融入听众亲密、内在的日常生活状态中,带来现场性的愉悦(含有风险和不确定性元素)。为了避免不可预料的事情发生,需要事先写好脚本。(Simon Frith in Barnard,2000:111)

二战促进了广播轻娱乐类节目的繁荣,包括喜剧和流行音乐,当时缺少电影院和剧院(战时被迫关闭了),当然电视也还没有诞生(伦敦的电视试播也在战时被关闭了)。BBC 注意到需要用娱乐节目来提升大众的士气,当时战时广播喜剧中最具代表性的例子是《又是那个男人》(It's That Man Again,也称 ITMA):那个"男人"指的就是阿道夫·希特勒(Adolph Hitler)。该剧的特点是"连珠炮似的幽默和滑稽可笑的角色",1939—1949 年播出了 310 集(Street,2006b:148)。正如早期美国广播喜剧是拿种族文化问题做文章,英国广播通常以社会阶级的差异为喜剧基础。《又是那个男人》中喝杜松子酒的上校和歇斯底里的清洁女工,分别代表各自的阶级。到了 20 世纪 50 年代,《汉考克的半小时时光》(Hancock's Half Hour)成就了托尼·汉考克(Tony Hancock),使他成为当时最成功的广播喜剧演员之一。斯蒂芬·瓦格(Stephen Wagg)生动地描绘道,"汉考克所扮演的角色类型代表的是脾气暴躁的、焦虑的郊区小资产阶级,性情乖戾地跺着脚迎接'英国中产阶级'时代的到来"(1998:7)。

尽管广播喜剧节目在世界范围内仍然存在,但是它们已经不像早期节目那样重要了,也许电视和电影喜剧所处的统治地位已经再次证明了一个简单的事实:喜剧这种形式似乎更适合于视觉影像。BBC 广播 4 台有段时间曾致力于革新喜剧节目,包括情景喜剧、素描喜剧和猜谜节目,但是这些节目取得成功后,通常就会被电视抄袭。

然而,如果说广播喜剧正在衰落,也并不意味着广播失去了其幽默的内容。事实上,幽默和不敬、违反禁忌都是 DJ 和脱口秀节目主持人最鲜明的特点。20 世纪 40 年代末 50 年代初 DJ 在美国诞生时,一定程度上就是为了在节目中制造"搞笑"气氛。音乐广播的对象通常是年轻听众,广播在青少年文化的呈现方面拥有很大的节目空间,青少年也乐于追寻幽默和娱乐类内容。BBC 广播 1 台日间节目中最受欢迎的 DJ 往往都是最风趣的,他们使用提前备好,但是看起来又像是即兴表演的方式来吸引听众的收听。美国早期脱口秀电台中的节目也类似,早期的"惊人杂谈类节目主持人"(shock jocks)①唐·伊姆斯(Dom Imus)和霍华德·斯特恩(Howard Stern)②通过使

---

① Jock,实际上是 Jockey,俚语中也指电台或者其他娱乐场所专门负责播放音乐的人。Shock Jock 是英美一种特别的广播杂谈类主持人,他们往往在广播中使用侮辱性的、粗俗不雅的语言,挑战世俗底线,让听众感到震惊。Shock jock 可译为"惊人杂谈类节目主持人"。——译者注
② 霍华德·斯特恩和唐·伊姆斯为美国谈话类广播节目的著名主持人和社会名人,其话题和风格往往具有争议性,充满性、种族笑话和讽刺幽默。两人均曾被《时代杂志》评为美国最有影响力的人之一。——译者注

用一群演员和录制好的笑声、粗鲁的噪音和杂乱的喧闹来制造搞笑气氛。霍华德·斯特恩本人十分风趣,特别是当他调侃自大的名人时。尽管大部分广播谈话节目还是比较严肃的,但是很多成功节目的基本主题还是基于不敬和越界制造出的幽默感(参见"广播谈话""DJ 和主持人"词条)。

今天,当我们收听广播直播节目时,我们会认为拥有幽默感是成功的 DJ 和主持人的前提条件。在音乐节目、热线直播节目、杂志类节目、体育类及其他形式的直播节目中,即兴发挥和机敏应答是很普遍的。当然,视觉噱头在喜剧中是必要的,虽然这些在广播中也可以通过话语进行描述,但依赖话语模式本身来制造幽默感却是广播的长项。随着广播向多人综合主持的转向,这与建构起一个"动物"乐园供人观赏的原理类似,广播会为机智话语交锋、相互间的调侃等提供更大的表现空间,这些都将帮助继承发扬广播中幽默的传统。

❓ 思考问题

1. 谈谈"幽默"元素在广播节目中的发展及其作用。
2. 广播喜剧节目的特征有哪些?

➡ 延伸阅读

Crisell, A. (1994) *Understanding Radio*, 2nd edn. London: Routledge. pp. 164-85.

Hilmes, M. (1997) *Radio Voices: American Broadcasting*, 1922 – 1952. Minneapolis, MN: University of Minnesota Press.

DJ 和主持人
DJs and Presenters

> 电台 DJ 和主持人通过其话语和在节目中的表现,建构起节目内容和广播听众之间的连接关系

音乐电台 DJ(或者唱片节目主持人)和语言类节目主持人都需要在听众和电台之间发挥连接的作用(Hendy,2000:57)。他们主要凭借谈话和自身的角色功能,在使广播变得可听和富有魅力上发挥关键性的作用。这些 DJ 和主持人在节目中的表现,对于塑造广播电台品牌形象,吸引并形成稳健的收听群体具有十分重要的作用。本词条将把 DJ 和主持人合起来讨论,因为这两者之间有着很大的相似性,当然区分两者之间的差异性也十分重要。

在对美国 DJ 崛起历史的叙述中,道格拉斯认为 DJ 是 20 世纪 50 年代的特定产物,伴随晶体管收音机的发明而产生,深受当时美国青少年的喜爱(Douglas,1999:229)。她以鲍勃·史密斯(Bob Smith)为例,他本为广播运营人员,但在主持广播节目时其人设是富有影响力的"超级 DJ"狼人杰克(Wolfman Jack)。与其他早期电台 DJ 一样,"狼人杰克"用他那富有磁性的、酷酷的人格魅力吸引了正在成长中的青少年听众。与战前只会和演播室内的听众开玩笑的、死板的"主持人"不同,这些新的电台 DJ 与收音机前的个体听众直接展开对话,拥抱并讨好这些年轻的听众。与"狼人杰克"类似的这些 DJ,他们不可抗拒的吸引力也在于其种族血统:节奏、布鲁斯和摇滚乐的源头是非洲裔美国人,许多 DJ 也使用保留区中的俚语来强化他们特立独行的气质和非白人的身份特征。

当时无论是在美国还是英国,早期电台 DJ 所做的正如道格拉斯所描

述的：

> DJ 谈话在这种情况下诞生：他们既要服务于独特的文化需求和企业利益，也要做二者之间的连接纽带。DJ 谈话听起来像是一种对话式的独白。谈话要具有戏剧性和人格化，用以塑造电台的独特风格，也要使听众感觉自己已经被带入节目中了，像是自己被找到了，并融入了一个独特的、与众不同的社群中。（1999：230）

所以 DJ 事实上面对着两个不同的传播方向：电台老板（或者说公共服务广播提供者）和听众。在主持节目的过程中，DJ 是音乐广播的核心，这也体现在演播室的物理布局上，正是 DJ 操作电台设备，并在操作台前完成他们的广播表演（Starkey，2004a：63）。

大部分关于 DJ 的研究资料通常关注他们对话语的表演性使用（参见"广播谈话"词条）。比如，很多人都已经论述过 DJ 使用直接引语（"你""我们""我"等）来营造一种与听众亲近的气氛，同时营造一种"共在"感，即听众感受到自己是与广播主持人在一起的，同时也与其他听众在一起（Montgomery，1986：428）。当代 DJ，常常通过电话与打进热线的具体听众展开对话。在这种情况下，其他听众会觉得自己成了一场一对一谈话的"旁听者"。在这类对话中，有一点很重要，我们需要注意到，无论主持人怎么与听众即兴谈话或者开玩笑，他均处于谈话的主导地位。《托尼·布莱克本秀》（*The Tony Blackburn Show*，1984—1989，BBC 伦敦广播）节目是个很好的例证。布莱克本在精心打造一个精妙而高度复杂的主持人形象的同时，也建构起一个看似散漫，但实际上有严格界定的"广播空间"（参见"广播世界"词条）（Brand and Scannell，1991：223）。

当代电台 DJ 是名人文化中的一部分，经常被卷入他们所播放音乐的明星相关的声明之争中。DJ 本身作为名人，会在节目中把自己的个性和表演贯穿在他们所播放的音乐收听体验中，例如从歌曲的开头一直谈论到结尾。他们也会出现在其他媒体上，比如电视、报纸和杂志。面对根据听众需求点播音乐的移动音乐传播方式的竞争，这些 DJ 的名人地位也是留住广播听众的一种方法。基于这一思路还有另外一种有趣的情况,就是"音乐明星充当电台 DJ"。鲍勃·迪伦(Bob Dylan)亲自操刀,临时充当 DJ,在电台中播放他自己选择的音乐,这也成为保持这类节目感染力的好办法。

但是,对于音乐电台和广播 DJ 的作用而言,仍有一些本质上保守和传统的原则存在其中。诞生于 20 世纪 50 年代中期的"广播音乐四十大金曲排行榜"到现在也没有什么改变,DJ 在节目中反复播放四十大金曲,节目屡创收听佳绩。然而,语言类广播节目中的主持人则视不同类型节目需要而有不同的表现。猜谜节目、广播喜剧、新闻杂志类节目、时事报道、热线电话节目等,都需要主持人有不同的表现风格。战前的英国广播主要用"播音员"读稿子,正如我们今天所了解到的,那时谈话类广播对主持人的需求不多。此外,BBC 几乎所有谈话节目都有稿子,如果主持人仅仅作为"介绍人"或者采访者出现,那么他存在的必要性就没有那么大了。但也有特例,早期无稿件讨论类节目《男性观点》(*Men Talking*,1937)中,设置了一个"主席"来引导(或者控制)讨论活动。二战时期,广播杂志类节目诞生了,在某些这类节目中,主持人或者说"主席"的角色是必要的,例如专为女性听众服务的《厨房前》(*The Kitchen Front*)节目和小组讨论类节目《智囊团》(*The Brains Trust*)等。

在美国,记者越来越习惯于"主持"广播新闻节目,最早并最具代表性的例子是由爱德华·默罗(Edward R. Murrow)在伦敦主持的战时 CBS 新闻节目《外国新闻摘要》(*Foreign News Roundup*)。他汇编了欧洲各个卷入战争的城市新闻报道,同时也报道了自己采写的独家战争新闻。

渐渐地,新闻(或时事)杂志类节目也成为英国广播的重要组成部分,特别是 20 世纪 60 年代起,BBC 传统的新闻和评论之间的界限开始被打破。下面是对 20 世纪 60 年代新闻主持人的一段生动描写:

> 威廉·哈德卡斯特尔(William Hardcastle),作为战后路透社的驻华盛顿记者、《每日邮报》(*Daily Mail*)编辑……是一个身材高大、爱皱眉头、不修边幅、抽烟喝酒、穿着衬衣的人,他给《同一个世界》(*The World at One*)节目带来了舰队街的紧急和热点事件。他上气

不接下气的报道方式突破了当时广播话语的标准惯例,而这些惯例是当时英国国内报道的主流原则,这自然也导致了大量听众的不满,带来了持续的投诉。(Hendy,2007:48)

英国语言类广播节目培养了一批著名的、成就卓著的主持人,他们长期主持同一个节目,节目充满了主持人特有的风格,主持人甚至也成了这个节目的代名词。例如,在商业广播中,20世纪70年代中期至90年代,布莱恩·海耶斯(Brain Hayes)始终主持一档早间热线节目;BBC广播4台的《女性时光》(Woman's Hour)节目从1985年起就由珍妮·莫里(Jenni Murray)主持;此外,广播4台的王牌时事节目《今日》(Today),主持人约翰·汉姆莱斯(John Humphrys)在节目中已经批评政客20年。

20世纪70年代美国脱口秀节目出现,推出了谈话节目主持人的一种极致形式——兼具电台DJ和谈话节目主持人的双重特征。这类"惊人杂谈类节目主持人"会把性暗示和"冒犯性"的语言与右翼或自由论者的政治观点结合在一起,故意震撼听众的同时也在娱乐听众。霍华德·斯特恩是这类节目主持人的代表:

> 斯特恩在广播中的形象就像个七年级的问题学生,经常制造麻烦,横行霸道,是个在自习室里发出令人讨厌的噪音,抑或在咖啡馆里扯断女孩内衣带子的小混混。他醉心于性话题并且无情自私。用于描述他的最常用的词语之一是"发情期的"。(Douglas,1999:304)

美国电台的这类"惊人杂谈类节目主持人"和DJ的另一个相似点是,在广播世界中他们都坚守着一个底线。尽管他们的节目可以表现出自由主义的无政府状态,但听众类似的言论却是被严格控制的。事实上,对电台节目参与者的控制情况可回溯到20世纪60年代的谈话节目中。当时洛杉矶的主持人乔·派恩(Joe Pyne)告诉那些与他有分歧观点的听众,让他们"用刀片去漱口"。工作在英国伦敦商业广播电台(London Broadcast Corporation,

LBC)的热线节目主持人布莱恩·海耶斯,高效而快速地掌控着热线参与者的谈话进程,目的就是汲取听众有新闻价值的评价。确保主持人和参与者一直保持平等和良好的关系是业界持续坚持的原则,但实际上主持人一直处于掌控地位,打进电话的听众是在严格节目流程中被"刻意安排"进来的(Hutchby,1991:130)。

历史上能够同时做好 DJ 和谈话主持人,并取得成功的人很少,但资深 DJ 约翰·皮尔(John Peel)做到了。从 20 世纪 60 年代和英国私营广播时期,以及 BBC 广播 1 台开播以来,皮尔都是那些位列排行榜之外的音乐作品的主要拥护者。他发现和推广了最具革命性的英国音乐广播,包括朋克音乐。作为一名 DJ,他也是一位向听众介绍新音乐知识的向导,这些音乐听众可能压根都没听过。在他晚年的时候,皮尔开始推广语言类广播节目,并在 BBC 广播 4 台周六早间杂志类节目《家庭真理》(*Home Truths*,1998—2006)中取得了巨大的成功。最后要强调的是,广播形象的塑造是皮尔成功的核心。他将自己视为一位"宅男",一个面对时尚、小玩意、现代社会困惑的人。他营造了一个独一无二的"广播世界",鼓励听众与其他人分享自己精心制作的作品,反映自己独特个性的观点。在主持这档节目的那些年里,他变成了一个反讽和自嘲的怀疑主义者,并在他的听众中赞美同样的品格(Chignell and Devlin,2007)。

自语言类节目复兴以来,特别是在新闻和评论类节目,以及那些有趣的事实类节目(factual programming)中,广播主持人为自己主持节目的个性化建立持续努力,帮助听众了解不同的声音特征,也使那些无序的打进电话的热心听众变得有序化,这些都是正确的选择。广播 DJ 未来的命运还不确定。随着"语音追踪"和"网络主持"的兴起,基于传统技术的广播电台影响力日渐减弱,加之音频点播 MP3 播放器的不断威胁,电台 DJ 的消亡已成为一个热门话题。但是正如基斯(Keith)和斯特林所指出的,电台 DJ 的命运又开始了一轮新的循环(2004:473)。互联网广播或播客的业余爱好者可能会再次从明星和富有个性的知名主持人那里拿到广播主持权,主持音乐节目的这些声音也要回归到如 20 世纪二三十年代那些无名的播音员一样,但这都是未知的。

思考问题

1. 试分析英美电台主持人节目的流变史。
2. 试讨论不同历史发展阶段,广播主持人的地位与作用。

延伸阅读

Douglas, S. (1999) *Listening in: Radio and the American Imagination, from Amos'n' Andy and Edward R. Murrow to Wolfman Jack and Howard Stern*. New York: Random House. pp. 219-56.

Montgomery, M. (1986) 'DJ Talk', *Media, Culture and Society*, 8: 421-40.

Brand, G and Scannell, P. (1991) 'talk, identity and performance: The Tony Blackburn Show', in P. Scannell (ed.), *Broadcast Talk*. London: Sage. pp. 201-26.

Chignell, H. and Devlin, J. (2007) 'John Peel's "Home Truths"', *The Radio Journal: International Studies in Broadcast and Audio Media*, 4(1): 69-81.

广播纪录片与广播专题节目
Documentaries and Features

> 广播纪录片和广播专题节目都属于事实性广播节目类型。广播纪录片节目与电视纪录片有许多共同之处;广播专题节目则创造性地集合了多种多样的谈话类和音乐类广播节目的元素特性。

广播纪录片和广播专题节目是两种完全不同的节目形式,但是两者在很多方面都有相似之处,因此在同一个词条中对其进行讨论。广播纪录片,与电视纪录片相同,都是基于采访、观察和事实对"实际情况"的客观叙述。广播"专题节目"这个词可以追溯到二战前的 BBC 和专题部。BBC 早期专题节目制作人劳伦斯·吉利亚姆(Laurence Gilliam)指出,"广播专题节目"代表了"很宽泛的节目元素,通常是事实和记录,依赖各种广播技术表现出来,但主要是利用戏剧化处理和经过编辑的事实"(1950:9)。这种独特的广播混合节目形态是广播媒体所独有的,在电视中见不到,并且在英国和美国广播界普遍存在。

广播纪录片,目前仍然存在,但只存在于全世界的公共服务广播体系中,这一点与电视纪录片很相似。然而,有时不太容易区分广播纪录片与时事类节目。后者更具新闻性、更着重于事实信息,并且会以一种结构成熟的、平衡的方式报道出来。广播纪录片更多地倾向于开发声音表现的可能性,通常是对每日生活中的一种声音进行表达。克里斯尔(1994)颇具争议地定位广播是一种"非视觉媒体"(参见"非视觉化"词条),但是他所描述的广播声音信息传播的含混性特征却可以为广播纪录片所利用并发扬光大。亨迪论证广播纪录片节目与以视觉传播为优势的电视特征无关,可以剥离表面上看似平淡无奇的日常生活表象,洞悉事物背后潜藏着的"丰富意义"(2004:173)。他以收藏类广播节目为例(如收藏啤酒杯垫、唱片和昆虫等),这类选题在广播纪录片节目中会产生广泛的影响,因为节目呈现出"热情、痴迷、孤独、社交,或者超过以上多种因素综合的特征"(2004:174)。

广播专题节目在当前的英国几乎绝迹了,这是一个相当值得玩味的广播现象。广播专题节目适合在电台播出,因为它深具广播属性:其他媒体上没有这种类似的节目,对声音元素如此不拘一格地加以综合运用。广播专题节目是开发利用声音特性和多样性的广播节目形态,语言类要素(即兴的和有文字稿的散文、诗歌等)、音乐和其他多种多样的声响(人工合成的、现实存在的)都可以为专题节目制作人所使用。20世纪30年代,随着录音设备的发明,制作出多样的、宏大的、精美的声音合成节目的愿望实现了。战前,英国一个最有名的专题节目制作人叫奥利芙·夏普勒(Olive Shapley),她用一辆7吨重、27英尺长的BBC录音车,出去记录无家可归者、购物者、工作在运河上的驳船夫、长途货车司机,还有夜间咖啡馆里的人们(Scannell and Cardiff,1991:345)。回到录音室后,夏普勒使用新发明的"神奇的后期编辑控制面板",把她采录到的这些声音和直播间的主持话语、音乐和评论等混编在一起。

你或许会从夏普勒的作品中看到政治表达的维度,广播专题节目具有清楚的政治表达潜力,这一特点在大西洋两岸都没有减弱。20世纪30年代末至40年代末,美国出现了一个表达改革和激进政治活动的文化阵营,支持反法西斯、工会联盟、反种族隔离,以及其他左翼活动(Smith,2002:210)。广播为这些政治观点表达提供了场所,也挑战了过去广播听众以白人、中产阶级为主的偏见。对于英国广播记录历史的传统而言,这在某种程度上值得被铭记,是对历史的一种重述,也是长久以来被忽视的普通工人阶级重新发声和进行表达。

美国伟大的剧作家、专题节目制作人诺曼·科温(Norman Corwin)制作的"戏剧纪录片"《他们无比轻松地在天空中飞行》(*They Fly Through the Air with the Greatest of Ease*,1939),谴责了那些飞行员在战争中轰炸无辜平民的行为。二战于欧洲刚开始的时候,美国处于中立地位,但即便如此这个节目也属于比较激进的类型。科温最著名的"戏剧纪录片"《我们手握那些真相》(*We Hold These Truths*)于1941年珍珠港事件发生仅一周后播出,用于纪念《人权法案》颁布150周年。该片在所有广播网中同时播出,有六千万人同时收听。影片赞扬了普通市民,特别是参战市民。战后,科温去欧洲录制了13部耗资巨大的广播系列纪录片节目《人类的境况》(*Status of Mankind*)(这足以证明广播在当时所拥有的影响力):

> 在一期节目中,他采访了一位意大利寡妇并评论道:"枪声刚刚在耳边停息,宁静的墓地就在我们身旁……乞求施舍的声音、饥饿孩子的啜泣声,所有这些和荒芜城镇静默的瓦片碎石,一起都在昭示着需求之音:这种需求是一种希望,希望建设团结和平的现实世界。"(Keith,2004:407)

这段文字是发人深省的,因为它既表现了科温的政治浪漫主义倾向(这个特点在以后的英国专题节目中都很明显),也表现了他用诗一样的语言来唤醒听众。

20世纪50年代早期,战后英国迎来了神奇的磁带录音机主导的媒体时代,磁带录音机的诞生使生动富有创意地记录话语和现实生活成为可能。查尔斯·帕克(Charles Parker)充分利用并取得了成功,他录制的8集节目《广播民谣》(*Radio Ballad*,1958—1963)把工人阶级的演讲和民俗音乐、真实的环境音响结合在了一起。帕克深受当时民俗音乐和口述历史传统的影响,《约翰·阿克森的民谣》(*The Ballad of John Axon*,1958)就是这类节目的典型。它讲述了一位铁路工人在试图使一辆失控的火车停下的意外事故中牺牲的故事。帕克推崇普通人的话语方式,以方言英语对抗"BBC标准英语",方言与民俗音乐的有力结合是广播政治类节目模式的重要发展。谈到约翰·阿克森时,斯特里特(Street)表示阿克森创造的广播专题节目"集合了客观环境音响、自然状态下的谈话和音乐叙事等,营造出了连续不断的蒙太奇效果,改变了专题节目制作的理念"(2004:189)。

广播爱好者热爱收听和重视帕克的广播专题节目,但是在当时他们仍被视为过时广播传统的一部分,与向听众示好和20世纪60年代大众文化流行的社会气氛不相宜。尽管20世纪60年代早期BBC专题节目部被关闭了,但是这一类型的节目仍然存在,特别是26集史诗般的系列节目《普通人的长征》(The Long March of Everyman,1971—1972),彰显出了非凡的影响力。毫无疑问,这是科温和帕克坚持的广播专题节目传统的延续,这一传统又被帕克倡导的"人民之声制作人"所强化了。与他的先行者一样,这位《普通人的长征》的制作人帕克对他的专题节目有着很大的野心。他想创作"伟大的音频音乐",这是一种新的艺术形式,将再次使数个世纪以来普通人的声音进入戏剧化表达领域,包括:

> 普通人的日常谈话、诗歌、散文小说、民俗音乐、历史性文件记录、自然音响、无线电声音、博学人士的反应和分析、戏剧、专业演员、乐器演奏者、歌手、广播化的演讲,所有这些声音都可以被重新编排,创造出一类"新的声音",它们比这些独立存在的声音更加丰富多彩。(Mason,M. in Hendy,2007:64)

正如大卫·亨迪在他讲述BBC广播4台历史的书中所说,《普通人的长征》毫无疑问是一部鸿篇巨制,它得益于英国一些著名历史学家的贡献,是"规模巨大的集体努力的结果"(2007:65)。确实如此,但这个节目收听反馈也很复杂,现代广播的听众与过去不同了,他们往往使用廉价的收音机,在乱作一团的家里,一边干家务一边收听广播节目。经典的广播专题节目属于过去特殊的时代,在那个时代里,是广播颠覆性地让人们从剧院的声音艺术欣赏中突破性地去收听和欣赏来自真实生活的声音轨迹。

但是如果将广播纪录片甚至专题节目视为古董的话,那就错了。我认为这两类节目形态在不再简单承载科温和帕克时代所坚持的宏大政治叙述情况下,仍然能够继续存在,有两个原因。首先,广播节目制作者携带相对便宜和不显眼的录音设备,能够轻松记录人们谈话的声音,并且不会对他们的工作造成干扰。作为对日常生活和普通人声音的记录,在少数但有辨识力的受众面前,以及电视令人生畏的眩光之下,很难击败通常如此廉价制作的广播纪录片。其次,广播纪录片似乎已经在英国音乐广播中找到了一席之地。比如,BBC广播2台经常播出专业的音乐纪录片(如讲述乡村音乐的诞生、作曲家如何获得灵感、著名表演者早期职业生涯等),这些节目已经被证明深受音乐爱好者的欢迎。在音乐纪录片中,发行的音乐作品和唱片与音乐家和音乐爱好者的访谈结合在一起,丰富了听众的知识,也使听众获得了愉悦感。

思考问题

1. 试区分广播纪录片与广播时事类节目的差异。
2. 与电视纪录片相比,请谈谈广播纪录片的特征与独特传播价值。
3. 广播黄金发展时期的广播纪录片和当前广播纪录片之间有何不同?试分析其原因。

延伸阅读

Hendy, D. (2004) '"Reality radio": the documentary', in A. Crisell (ed.), *More than a Music Box: Radio Cultures and Communities in a Multi-media World*. New York: Berghahn Books. pp. 167-88.

Hendy, D. (2007) *Life on Air: A History of Radio Four*. Oxford: Oxford University Press.

Keith, M. (2004) 'Norman Corwin', in C. Sterling(ed.), *The Museum of Broadcast Communications Encyclopedia of Radio*, Vol. 1 New York: Fitzroy Dearborn. pp. 405-8.

Street, S. (2004) 'Programme-makers on Parker: occupational reflections on the radio production legacy of Charles Parker', *The Radio Journal: International Studies in Broadcast and Audio Media*, 2(3):187-94.

广播剧
Drama

> 广播剧是一种以广播戏剧为特征的广播节目类型,包括"单本剧",也包括长篇系列剧。

广播剧的存在也许会让人产生困惑。在这样一个视觉传播时代,"非视觉的"广播剧没有人物表情和布景,如何能够生存?实际情况是,除了个别有名的或者杰出的广播戏剧类节目尚存,作为一类形态的广播剧,比如一些广播喜剧和广播肥皂剧目前多数已经不存在了。但这并非广播剧的谢幕,仍然有许多为广播剧摇旗呐喊的支持者,包括许多在大众媒体研究方面卓有成就的广播研究专家,他们开辟出了专门的广播研究领域。此外,新媒体(包括广播和宽泛意义上的音频传播)最新研究显示,这类节目形态仍有其未来发展的前景。本书中这一词条的结构与其他词条有些许不同,首先介绍广播剧的发展史,接下来讨论所谓"质疑者"和"支持者"双方的论点。如果同时参考本书"连续剧和肥皂剧"词条,可能会对理解本词条有所帮助。

广播剧在美国和英国的历史和发展现状这个话题,往往与广播电视"品质质量"的讨论密切相关。比如,20 世纪二三十年代,美国广播电台热衷于播出体现其文化水准的节目,这一目标通过单本广播剧的播出而实现。美国广播的商业性本质经常使广播从业者、听众和国会议员之间针对什么是高品质广播节目而产生分歧。广播电台仅能通过恪守承诺的方式,保证公共广播服务功能的发挥,承担与 BBC 类似的文化内容传播职责,"美国国家广播公司在它的公开宣言中保证,将像 BBC 媒体系统那样,在消费者选择的表象下,推动文化传播,排斥文化可疑论"(Hilmes,1997:10)。那么,这种早期的、"高质量的"广播剧采用了哪种呈现形式？最流行的方式是在广播中再现百老汇的舞台剧。从1929年起，NBC的《首演观剧》(The First Nighter)节目就定期改写百老汇的最新剧目。这种方式也被《卢森堡广播剧场》(The Lux Radio Theatre)效仿，但这一方式的局限性也很明显，它所依赖的剧本不是专为广播而作的，而是为舞台而写的，这一创作团队最终投奔了好莱坞。当时播放的戏剧是由著名电影导演塞西尔·德米尔(Cecil B. DeMille)导演、好莱坞明星参演的。20世纪30年代末，由于担心电台的垄断、跨媒体所有权以及对听众的潜在有害影响，这些广播电台受到了批评。广播电台对批评做出了两方面的回应：增加政府的广播播出服务，特别是推出了罗斯福总统著名的"炉边谈话"节目；另外就是重新挖掘具有鲜明广播特征的广播剧。剧院的主管奥森·威尔斯被称为"纽约舞台的天才男孩"(the boy genius of the New York stage)(Hilmes,1997:218)。1938年，他的"悲悯剧院"(Mercy Theatre)专设《空中悲悯剧院》(The Mercy Theatre of the Air)，在广播中推出了九部经典文学著作的广播改编剧，如《金银岛》(Treature Island)、《德古拉》(Dracula)、《双城记》(A Tale of Two Cities)，以及最著名的《世界大战》等，这些剧目成为广播电台提升广播节目质量战略的一部分。

英国战后广播剧发展值得玩味。BBC广播电台战后重组，促成了具有明确文化水平要求的第三电台(Third Programme，BBC三大广播频率之一)的开播。秉承艺术和创新的承诺，该电台也成为前卫派广播剧的温床。随着电视的大众化和平民化趋势，"广播转向了在小范围专业领域内更为自由的创新和探索"(Street,2002:88)。第三电台在这一阶段播放了许多著名的广播剧，这些剧本是专为广播媒体开发的，包括迪兰·托马斯(Dylan Thomas)的《牛奶树下》(Under Milk Wood,1954)和塞缪尔·贝克特(Samuel Beckett)的《失落的一切》(All That Fall,1957)。

亨迪在他关于BBC广播4台历史的书中，用了相当长的篇幅讨论了20世纪70年代和80年代初的广播剧，当时这一情况仅限在广播4台。他说，如果戏剧能在广播中生存下来，那纯粹是意外，或者仅仅是BBC对媒介内容多元化理念的职责所在：这是一种媒体文化象征性的遗迹，它很有可能或者随时会消亡。在电视时代，目前广播剧的存在已经超过了它本应存在的时间(Hendy,2007)。但事实情况是,广播剧在 BBC 继续生存下来了,当时差不多有 30 位广播剧制作人,隶属于英语世界广播剧的制作中心。当时广播 4 台的听众很知名,他们是比较保守的中产阶级,他们对喜欢什么、厌恶什么有着明确的追求,直到现在也是如此。大部分播出的节目必须"稳妥",最明显的是对英语文学名著经典片段的无休止改编,例如狄更斯(Dickens)、奥斯汀(Austen)和特普洛(Trollope)等的著作。而问题是广播 4 台的广播剧越来越把自身带入腻味、呆板和老套乏味的气氛中。当然,这并不是说广播 4 台没有创新,也不是说他们不使用当时广播剧发展中最重要的技术手段之一——"电影化"手法,包括运用现场音响来制作广播剧等。这方面的早期例子是广播 4 台制作的《为什么我做了》(*Why I Did It*,1976),这部广播剧是在广播电视大楼的楼梯间和外面的大街上录制的。彼得·刘易斯(Peter Lewis,2004)提到,这是一种偶尔出现的创新与辉煌时刻的整体一致性的结合。他指出,20 世纪 80 年代中期,每年都有 10,000 多个剧本被交到 BBC,这一规模的剧本供应,促使剧作家们互相竞争,在剧本风格和内容上逐渐形成了一套统一的选拔标准。同时,外景实地录音技术也为提升广播剧的氛围感染力和获得成功提供了可能。BBC 大量成熟的广播剧套路与当下最潮的媒体技术和创意相结合的模式一直延续到了今天。

尽管面对音乐频率和其他大众化节目形态不可抵挡的崛起,全球广播剧整体上不复当年的辉煌,但它仍有自己的支持者——借用一些评论家的话,这是因为广播媒体独具魔幻、神奇的能力去构建场景、刻画人物和讲述故事。辛格勒(Shingler)和维瑞嘉(Wieringa)认为广播剧在两个方面具有强大的艺术表现力:空间和时间的灵活性、能够触及观众心灵深处。这两者都是广播非视觉化特性的直接体现(1998:88)。他们论证了非视觉化是许多戏剧制作人醉心于开发和利用的,这是基于广播媒体非常有价值的部分。基于现实的考量,无须灯光、摄像机、化妆、布景和大量的演员会降低广播剧的制作成本,这一情况在当时不仅促进了 BBC 广播 4 台更专注于提升广播剧的质量,而且也提升了基于创意研发的自由度。从一个场景到另一个场景的快速移动和及时移动的能力是另一个优势。此外,广播剧的舞台效果发生在我们头脑中,不是展现在实际的舞台上或者场景中,这可以产生内在、亲密的效果,因为我们在自己的内心世界中建构起了舞台布景(场景、服装、演员表演等)。对广播剧充满热爱的学者库克(Crook),猛烈抨击了那些指责广播具有无画面功能缺陷的观点(参见"非视觉化"词条),他认为尽管没有可视图像,"但是不能说用耳朵就不能'看',盲人就可以做到"(1999:7)。他通过引用大脑能够看到和想象由声音传递的戏剧画面来解释这一观点。库克也指出,在电影院中,"听"的功能和"看"的功能同样重要:

> 在观众的电影消费体验中,哪一种体验是先到来的?是先看到还是先听到?如果剧情的发展、总体趋势和角色发展是通过声音来传达的,那么它们在电影中的艺术重要性就应该被提升和巩固到大多数电影研究学者还没有认识到的程度。(1999:25)

对于库克和其他广播剧支持者来说,广播作为一种弹性媒介,同时具有帮助我们在头脑中形成戏剧形象的能力,这些优势足以证明广播剧应该拥有光明的未来。如果把广播剧贬为广播占主导地位时代遗留下来的老古董,那就严重低估了声音和听觉的重要性。就算是在当代视觉文化占据主导地位的时期,我们也无法忽视纯粹音频戏剧的重要性及其潜力(也就是说,戏剧也可以通过耳朵收听)。

广播剧当然不仅仅存在于美国和英国的公共广播服务体系中。比如肯尼亚广播电台 KBC 的《广播剧场》(*Radio Theatre*)(参见"发展"词条)一年就播放了 54 部广播剧。《不在当下》(*Not Now*)讲述了一个女孩逃出家庭避免沦为一个老年男性第四个妻子的故事。剧本以一个女孩戏剧独白的方式,回顾了她过去的经历。迪娜·利加(Dina Ligaga)谈及这部广播剧,同时也是肯尼亚多数广播剧的情况——30 分钟的节目时间演绎出肯尼亚社会司空见惯的日常生活和日常语言表达。这些不仅反映了当地人的生活现状,特别是在使用当地语言和伴之以当地熟悉的空间环境层面,同时在"道德警戒"上,其传播的内容也与政府发展的议程保持一致。《不在当下》传递出的信息十分明确,即反对逼婚。

毫无疑问,广播有能力制作高品质的广播剧,其中的例子不胜枚举。但是,问题在于今天广播剧能否在当代广播环境中生存下来。英国播出了很多广播剧,但大部分都在 BBC 广播 4 台这个狭小的收听群体中发生。据统计,广播 4 台听众的年龄普遍超过 50 岁,这些听众是伴随着收听广播节目成长起来的,在那个时代儿童广播剧仍然是主流媒体内容,广播剧对这些人来说是非常受欢迎的。目前,有证据显示,多种形式的音频点播节目会支持广播剧这类陷入困境中的广播节目类型。与其他种类的广播节目不同,广播剧对于是否直播要求不高。如果我们所生产的各类音频剧资源能够适用于网络或其他移动播放终端,这或许也是一个未来发展的方向。有声图书的持续存在和流行,也证明某种基于虚构的音频叙事类内容将拥有一定的市场前景。

思考问题

1. 为什么广播剧直到今天还能生存?
2. 英国和美国广播剧发展的历史有何不同?
3. 未来音频剧的发展如何适应网络传播平台?

延伸阅读

Shingler, M. and Wieringa, C. (1998) *On Air : Methods and Meanings of Radio*. London: Arnold.

Hilmes, M. (1997) *Radio Voices: American Broadcasting, 1922 – 1952*. Minneapolis, MN: University of Minnesota Press.

Hendy, D. (2007) *Life in Air: A History of Radio Four*. Oxford: Oxford University Press.

Crook, T. (1999) *Radio Drama: Theory and Practice*. London: Routledge.

广播杂志类节目
Magazines

> 广播杂志类节目是广播语言类节目的一种,其节目内容被分为若干板块或专题。

广播杂志类节目可以被看作印刷杂志的声音版,因其灵活性和相对质量层面(比较广播剧,译者加)无过多要求而具有更多传播优势。广播杂志类节目是 BBC 广播 4 台这类语言类频率广泛应用的节目类型,其中既包括多种多样宽泛主题的普通广播杂志类节目,也包括锁定小众群体的专业杂志类节目。广播杂志类节目于 20 世纪 20 年代出现于美国,战后传播至英国,是当前以播出现实类内容题材为主的广播 4 台偏爱的节目样态。

从历史上看,广播杂志类节目的诞生与女性听众和国内听众有关。20世纪 20 年代的美国,以女性为目标听众的日间广播节目十分流行,有通俗小报的色彩。彩色杂志出版人伯耐·麦克法登(Bernarr Macfadden)发行了以《纽约图景》(*New York Graphic*)、《健身文化》(*Physical Culture*)和《真爱》(*True Romances*)等为标题的文章,毫无疑问是看到了广播作为新媒体对于拓展其杂志帝国所拥有的潜能。1927 年,《真实故事时光》(*True Story Hour*)在 CBS 开播之后,《真实侦探悬疑》(*True Detective Mysteries*)和《真爱》(*True Romances*)等麦克法登主导的杂志类广播节目相继播出。这些早期广播杂志类节目的目标听众很明显是女性,"最初,这类'真实故事'节目为城市年轻女性在公共媒体上的声音表达,提供了最接近无拘无束的媒体场所"(Hilmes,1997:100)。节目内容主要来源于听众提供的故事,包括"我杀了我的孩子""我需要你""我如何面对自己""我让他看低了我"等。节目主题针对女性听众感兴趣的内容,但颇具争议的是,它也讨论与性相关的话题。到了 20 世纪 30 年代,麦克法登的广播杂志类节目大多已经不存在了,取而代之的是比较温和的女性杂志类节目,为家庭主妇提供各种生活服务建议。1928 年,NBC 开播了《空中女性杂志》(The Women's Magazine of the Air),到 1932 年已经出现了超过 20 档"家庭服务"杂志类节目,其中最成功的当属玛丽·玛格丽特·麦克布莱德(Mary Margaret McBride)主持的日间节目,这个节目播出了 20 年,到了 20 世纪 50 年代,麦克布莱德也成为当时广播界的超级明星。当战时号召捐献纸张以供回收利用时,麦克布莱德提供了 300 万封信,这些都是她的忠实听众写给她的(Hilmes,1997:278)。麦克布莱德取得成功的重要原因是她拥有不用底稿就可以侃侃而谈的能力,以及拥有能够将严肃新闻和时事等各种各样的话题与名人访谈和其他轻松的节目结合起来的能力。

BBC 杂志类节目形态最早出现于 20 世纪 30 年代,代表节目为《今夜小镇》(In Town Tonight)和《任时光流逝》(The World Goes By)。这些节目体现了广播中"人情味"的特点,即普通人会在节目中讲述他们生活中出现的趣事。BBC 北部地区地方广播节目《关于任何事情的任何事情》(Owt Abaht Owt)包含了丰富的内容,包括"一个虚构的洪水射手,一个男孩宗教音乐和声俱乐部,一个众所周知、走乡串户的北部民间'艺人',一个油嘴滑舌的旅行推销员,一个槲寄生专家和一个哑剧明星"(Scannell and Cardiff,1991:175)。二战期间,广播杂志类节目成为特别成功的一类节目形态,它在资源匮乏和食品配给时期,给女性听众如何准备饮食提供了很多建议。从 1940 年起,《厨房前》(The Kitchen Front)由最初主要是教育性的谈话节目,逐渐转型为名人嘉宾和"喜剧家庭主妇"作为嘉宾参与的综合杂志类节目(Nicholas,1996:78)。

BBC 最成功的以女性为目标受众的杂志类节目是《女性时光》(Woman's Hour)(1946 年至今),这档节目始终强调"女性诉求"(这个定义范围越来越广泛),形成了稳固的节目模式:包括占主导地位的女性主持人(尽管第一任主持人是男性),访谈和其他短小的专题内容、讨论及广播连续剧等。

大约 40 年前,英国语言类电台播出广播杂志类节目,其成功且普遍的特性揭示了这样一个趋势：听众最开始不愿意收听一个完整的连续不断的谈话节目，反而更愿意收听片段式的节目。以时事报道节目为例，很明显只有公共服务电台的语言类节目中，仍保留对政治或社会事件进行深度挖掘的传统（参见"时事报道"词条）。BBC 广播 4 台每日新闻杂志类节目《今日》，那种长而有分量的调查研究式报道已经不见了，取而代之的是对主要新闻故事进行分割，将其转化成精简、短小的节目片段。简短而带有很强冲击力的对政界人士和其他新闻人物的采访内容，往往与同样简短的 BBC 记者、主持人的"双通路"采访内容结合在一起。毫无疑问，这种节目报道方式符合听众早晨收听广播的习惯，同时也体现了广播媒体对早间新闻故事严肃而综合性的一种处理思路。

亨迪在关于 BBC 广播 4 台历史的专著中谈及，20 世纪 70 年代早期这种广播杂志类节目的结构样态开始呈现在广播节目播出表中。艺术节目《万花筒》(*Kaleidoscope*, 1973—1997) 是一档日间艺术类广播杂志类节目，它取代的是那些如《批评家》(*The Critics*) 般更为严肃、话题更为沉重的广播谈话类节目。对于某些来自 BBC 内部的批评人士来说，这是广播节目肤浅化、庸俗化的一种体现（Hendy, 2007:81）。此外，同样是这些批评家，考量到广播杂志类节目的起源，于是把这类节目形态的引入看作英国文化美国化的证据，这在当时是对 BBC 最糟糕的诋毁之一。如今已经听不到这样的批评声音了。事实发展证明，广播杂志类节目既有处理轻松有趣内容的能力，也有处理严肃内容的能力。

❓ 思考问题

1. 二战期间，为什么广播杂志类节目成为特别成功的一类节目形态？
2. 试举两例，分析中外广播杂志类节目的异同。

↪ 延伸阅读

Hilmes, M. (1997) *Radio Voices: American Broadcasting*, 1922 – 1952. Minneapolis, MN: University of Minnesota Press. pp. 97-130.

Nicholas, S, (1996) *The Echo of War: Home Front Propaganda and the Wartime BBC*, 1935 -49. Manchester: Manchester University Press.

Hendy, D. (2007) *Life in Air: A History of Radio Four*. Oxford: Oxford University Press.

音乐节目
Music

> 音乐节目是广播的标志性符号之一,也是多数广播节目内容重要的组成元素。

33 想象一下,两个人在听同一首音乐:一个人用 MP3 播放器(或者其他类似的终端)从许多歌中挑选出这一首来听,另一个人在收听本地的广播电台,电台此时也在播放这首歌。同一时间的同一首歌,一个来自广播,另一个则不是。音乐广播的存在基于一个事实,即广播体验的与众不同,它在某些方面确实要比听预先录制的音乐好。音乐广播大体上有四个独特之处:第一,所播放的音乐是由他人而不是听众本人选择的;第二,大部分广播中的音乐是现场播放的,听众有一种与其他人"共在"的收听体验;第三,播放歌曲的同时伴有 DJ 解说,DJ 决定选择什么样的歌曲及其播放顺序,并解读音乐的意义及其重要性所在;第四,广播电台与其听众基于收听经验,建构并强化某种身份认同(通常是围绕青年人的想法)。

"音乐"和"广播"这两个词在现有广播文献中始终是被放在一起讨论的。通常的组合是"音乐广播",相对应的则是"广播音乐",前者指的是广播节目,主要由流行音乐组成,后者指的是节目中专门用于增强主持效果的音乐元素(如背景音、电台标识、节目间隔音等)。本词条主要关注"音乐广播"并尝试回答一些基本问题。什么是音乐广播?为什么它是这样的?为什么音乐广播在全世界广播中都占据主导地位?在新技术影响下,音乐广播将会发生什么改变?

在世界大部分地区,音乐广播都是最主要的节目模式,其数量远超过基于语言类内容的广播样态。比如,英国所有本地商业调频广播全部为音乐广播,几乎所有电台主要播出的都是当代打榜的热门音乐,目标人群也是年轻听众。在面向全英广播的 BBC 各个频率中,广播 1、2、3 台均为音乐广播,同时 BBC 地方广播为其 50 岁以上听众提供的节目,也是有音乐相伴的谈话类节目。美国除了脱口秀电台和国家公共广播电台(National Public Radio)以外,音乐广播占绝对优势。我们不禁会问,音乐广播何以如此独特? 在对二战后美国广播"重新定位"过程的讨论中,如罗森布勒和麦考特(Rothenbuhler and McCourt,2002)谈到,战前广播电台主要播放综合性节目,发展至 20 世纪 60 年代,大部分广播为青少年听众播放音乐排行榜类节目。战后音乐广播的成长,归因于电视的出现及其给广播带来的危机意识。电视在当时取得的巨大成功,迫使广播必须以更廉价的方式留住现有的听众,同时也争取吸引新的听众。1953 年,随着晶体管收音机诞生,地方电台 DJ 播放录制好音乐的本地节目也逐渐增多(参见"广播接收"词条)。广播在黑人社区得到发展这一事实也是罗森布勒和麦考特观点的一个佐证。到了 1955 年,美国在 39 个州拥有超过 600 家这样的音乐电台。"少数民族广播"通常会强化种族的刻板印象,它经常播放节奏布鲁斯音乐和蓝调,这种黑人音乐在摇滚乐、流行音乐发展中有着非常重要的地位,这一音乐类型也第一次为白人听众所熟知。到了 20 世纪 60 年代,随着音乐广播的商业潜力被逐渐发掘,美国音乐广播的发展越来越成规模了。摇滚乐的出现,以及受时代偶像人物埃维斯·普里斯利(猫王,Elvis Presley)和詹姆斯·迪恩(James Dean)影响的青年文化,均与"广播音乐四十大金曲排行榜"的发展密切相关。这些热门金曲的主要受众是拥有可支配收入的青少年。

  随着 20 世纪 60 年代美国音乐广播的演进发展,施加在广播上的商业压力从未停止过,这促使音乐类型化电台兴起。各电台间的激烈竞争带来了音乐细分,通过开发更新、更准确的途径精选音乐,以定位不同的受众需求。正如亨迪所说,"广播电台在选择播放某种类型音乐的同时,其实也选择了某类听众"(2000:169)。所以我们听到的音乐也反映了这个电台的风格:是选择当代热门打榜音乐,还是以专辑为定位的摇滚乐,抑或当代乡村音乐,与此同时,伴以详尽的节目单和细致的编排,以此吸引最多的听众并力争保持住收听率。在对早间音乐节目的分析中,加纳(Garner)说明了如何通过精选音乐的方式,在任何特定时刻抓住听众微妙的情绪变化。最令人印象深刻的是,他说早间节目"真正的文本"不是音乐或者歌词,而是"演播室墙上的钟"(转引自 Hendy,2000:174)。

我们如何解释音乐广播在广播中的优势地位?或者换句话说,为什么音乐和广播之间会有如此自然的契合?为了回答这个问题,我们有必要研究一下音乐在广播中的本质特性和音乐为什么有别于话语。克里斯尔应用符号学理论解读广播符号时,指出话语是广播的"基本符号"(1994:42),参见本书"广播符号"词条。在讨论包括噪音和静默等构成广播的"原材料"时,克里斯尔指出,话语的力量在于其能够传达意义,因此很重要。这就好比视觉图像是电影和电视中的首要符号一样。克里斯尔也承认,音乐很难在符号学的视域下进行检验,与文字和画面不同,音乐看起来无法明确指向某些内容。音乐作为一种愉悦的事物存在于广播中,我们可以随心所欲地将其融入自己的情绪。听音乐比听话语要容易得多,话语需要我们努力去理解。音乐在非视觉化广播媒体中的存在如鱼得水,这也是音乐广播能够占据主导地位的原因之一。音乐本身就具有很强的"广播属性",音乐与广播的合作很明显是非常成功的,"这种伙伴关系对现代流行文化的形成至关重要"(Crisell,1994:42)。但是音乐广播不仅仅是音乐,它是在广播话语框架下的音乐,而这正是音乐广播成功的关键所在。参见本书"DJ 和主持人"词条,以了解电台 DJ 如何利用音乐元素来塑造某种更具内涵的广播收听体验。

进一步来说,音乐广播的成功和优势在于它能够反映和加强自我认同,正如亨迪所说,"如果通过广播'我们听到我们是什么样'是一种事实,那么在某种程度上,'我们就是我们听到的那样'也是一种事实"(2000:214)。大众媒介通常所具备的建构身份认同的能力是媒介研究中不变的公理。比如,20 世纪 60 年代美国年轻女性在收听流行音乐的过程中,找到了发现自我的资源,苏珊·道格拉斯对此有着十分生动的描述:

> 对音乐来讲最重要的事情是,它对我们的述说如此有力量,把

声音传递给自我挣扎的、茫然的、没有安全感的、支离破碎的内心，帮助我们锻造出一个完整的自我。(1994:87)

音乐广播不仅可以强化种族和年龄身份，也同样可以强化民族身份。亨迪也谈到在南非种族隔离时期，南非广播的目标是各个"部落群族"，试图通过广播强化非洲黑人群体的种族差异。班图电台(Radio Bantu)就通过播放传统部落音乐来强调自身与祖鲁人(Zulus)和廓萨人(Xhosas)等不同种族间的差异(Hendy,2000)。

音乐广播拥有吸引大量听众的潜力，特别是对于年轻听众而言，音乐可以进行表达同时也可以帮助他们建构身份认同。但这只是乐观的想法，实际上许多音乐广播具有非常明显的同质化倾向。广播是一个竞争激烈的行业，这直接导致了平庸乏味的商业广播节目的大量重复。正如伯兰(Berland)和道格拉斯生动描述的那样，广播已经形成了某种模式化的存在，具有一致性和垄断性，很大程度上放弃了具有细微差异的地方广播和社区广播(Hendy,2000:4)。这些学者和其他人一样都在怀念曾经的广播，那时候刚刚诞生的DJ不仅播放音乐排行榜歌曲，也会通过各种令人激动和充满想象力的方式与本地和全国的听众建立起紧密的广播"约会"关系。英国广播早期DJ最具代表性的例子是约翰·皮尔，他在BBC广播1台长期的主持生涯中，播放了不拘一格的各类音乐唱片，也播放了一些不太知名表演者的现场音乐节目。当年一些流行音乐明星包括亨德里克斯(Hendrix)和鲍伊(Bowie)，他们上皮尔主持的广播节目时，没有人认识他们(Garner,1993)。

新技术的发展为音乐广播带来机遇的同时，也带来了一些激烈的挑战。人们现在能从互联网上轻松下载成千上万首歌曲，并在其便携式播放器中播放，这大大挑战了传统音乐广播的价值。广播电台的解决办法是，强化音乐广播不同的、独具的属性，也就是本词条刚开始提到的音乐广播独具的特性。例如，在非黄金时间段播出的专业音乐类广播节目，会向听众介绍他们以前从未听过的音乐。英国BBC广播1台傍晚和夜间节目，往往会为听众介绍新音乐并由专家来做主持。DJ是音乐广播取得成功的关键所在，"明星DJ"可以吸引听众收听并留住听众。记得克里斯尔说过，DJ充当着迷人的流行音乐世界与"世俗听众"之间的掮客（1994:69）。音乐广播强化着"现场感"，也强化着由无数听众互动参与创建的"共在"感。热线电话、手机短信、猜谜以及直接引用有名有姓听众的观点等被广泛使用的广播方式都在强化着广播的特性。

❓ 思考问题

1. 试论音乐在广播中的优势地位。

2. 如何理解音乐节目在广播中的优势地位？为什么音乐和广播之间会有如此自然的契合？

➲ 延伸阅读

Crisell, A. (1994) *Understanding Radio*, 2nd edn. London: Routledge.

Hendy, D. (2000) *Radio in the Global Age*. London: Polity Press.

Douglas, S. (1999) *Listening in: Radio and the American Imagination, from Amos 'n' Andy and Edward R. Murrow to Wolfman Jack and Howard Stern*. New York: Random House. pp. 219-56.

热线电话节目
Phone-ins

> 广播热线电话节目是一种将听众的电话内容整合到节目中的媒体内容生产技术产物。

广播热线电话是现在电台普遍使用的节目手段，已经成为填补 24 小时播出时段的重要方式之一。电话技术（"电话学"）与广播技术（"无线电报"）密切相关，但是电话通信业发展更早，第一次世界大战之前，无线电还处于试验阶段的时候，英国电话通信业已经发展成熟，并建立起全国有线网络。20 世纪 20 年代广播出现之前，人们已经开始大量探索借助电话线路传送音乐会和话剧的事迹。1922 年以后，广播和电话依旧各自发展，直到广播"热线电话"的产生，"'热线电话'这一广播节目名称是 1968 年在美国诞生的，第一次在英国作为一个新词为人所知是在 1971 年"（Street，2006b：204）。随着现代技术的发展，智能手机的发明和通过手机收听广播等技术的成熟，媒体融合语境下的"热线电话"类节目又有了新的发展。

英国最早的热线电话节目可以追溯到 1968 年 BBC 诺丁汉电台，由于热线电话成本相对较低，因此这种节目类型在 20 世纪 70 年代被广泛应用在 BBC 各台和商业地方广播电台。在 BBC 国家广播网中，热线电话在 BBC 广播 4 台使用得很少，但被广泛应用在以新闻和体育内容为主的 BBC 直播 5 台。"热线电话"要素是美国大部分音乐节目的公认特色，但其在谈话类型节目中更为重要。20 世纪 50 年代，杰里·威廉姆斯（Jerry Williams）在新泽西州卡姆登市主持《你在想什么？》（What's On Your Mind?）节目，这可能是第一档听众热线电话节目——广播谈话节目。固执己见、个性鲜明的主持人和处于被指导被批评地位的热线电话听众,组合成一种独特的节目样态,成为美国广播最流行、最具政治影响力的节目模式。

在对广播热线电话节目的分析中,克里斯尔将其分为三种类型。"表达诉求"(expressive)热线电话类型:使参与者能够表达其与普遍舆论不同的观点,这对于少数民族群体、持异见群体或持有少数群体观点的人都是非常重要的;"自我表现"(exhibitionist)热线电话类型:顾名思义,给予那些想表现自己的听众一个展示个性的机会;"忏悔求助"(confessional)热线电话类型,打入热线电话的听众寻求建议,利用广播相对的匿名性来获得某方面的治疗帮助(Crisell,1994:119)。克里斯尔进一步论述,"这种对话交流具有复杂性特征,看似是私人对话实则具有很高的公共性。在广播中热线电话可以产生独特的效果,因为它是一种半私人、半公共的媒介,来自听众的元素成为广播节目的一部分,同时打进热线电话的听众与另一部分听众会产生复杂而不寻常的关系"(1994:197)。热线电话的吸引力部分来自"偷听"一段显然是私人谈话的乐趣,也就是克里斯尔所称的"听觉偷窥",同时也来自我们有一种自己想打电话的冲动,尽管大多数时候我们不会这么做。这也正如辛格勒和维瑞嘉所说,"由中介人引导的参与和回报"(1998:114)。

使用热线电话具有代表性的 DJ 是克里斯·埃文斯(Chris Evans)。20世纪90年代早期他在 BBC 主持节目,是一位名人 DJ,因其夜间广播的喜剧行为见诸小报而出名。他率先应用"动物园类型"(Zoo format,在直播间与多位嘉宾一起主持节目),也因其对打入热线的听众采取幼稚的、有趣的甚至冒犯的态度而闻名。埃文斯利用热线电话构建和强化他的听众群和他们独有的身份识别,同时也强化自己聪明、诙谐的广播名人形象。对于听众来说,打进电话意味着他们可以与他人分享这个丰富多彩的世界,虽然时间很短:

> 现在允许任何人,如阿曼达(一位听众的名字)那样,进入媒体世界并获得15秒的知名度。听众可以与媒体工作人员交流互动,进一步来说,可以与听众居住地的媒体社区中的名人进行交流和互动。(Tolson,2006:129)

另一个完全不同的例子是20世纪90年代"体育脱口秀"播出的由安娜·雷伯恩(Anna Raeburn)主持的《直播与直接对话》(Live and Direct)节目。这是"忏悔求助"或"治疗咨询"类热线电话节目类型。这类节目的有趣之处在于主持人高超的主持水平,以及他们对听众有时非常情绪化的评论能够做出恰当反应的能力。他们运用幽默将某个听众的问题"普遍化",有时缓解他们的绝望情绪,有时认同他们的观点,有时不认同,有时与某个听众的对话,实际上也是说给其他人或者听众听的(Atkinson and Moores, 2003)。埃文斯和雷伯恩都是具有相当水平的主持人,他们能够利用各种技术来开拓广播热线电话节目的形式,从而使广播更加好听。

英国的广播热线电话节目另一个重要典型是由布莱恩·海耶斯(Brain Hayes)(1976—1990)在伦敦广播公司主持的每日清晨节目。海耶斯是一位具有争议和十分有主见的主持人,他将美国广播脱口秀中"惊人杂谈类节目主持人"的特点带到了英国。他是热线电话的支持者,他坚持认为正是热线电话使广播比其他媒介更加民主(Shingler and Wieringa,1998:118)。毫无疑问,不同于大部分新闻和时事节目,广播热线电话节目允许不同意见的表达,有助于建构媒介公共空间。然而实际情况却又更加复杂。首先,尽管任何人都能打电话,但也只有为数不多的、不具代表性的听众能够打进电话,工作人员必须通过严格的审查确认所选择的听众是否"有资格"在节目中发表观点。此外,节目的控制权也掌握在主持人手中,"主持人的中心地位不可撼动"(Starkey,2004:83)。这一点可以通过对BBC伦敦广播富有影响力的节目《托尼·布莱克本秀》的分析得到证明,在布莱克本"散漫的话语世界"中,打进电话的听众如果守规矩的话就可以继续发言,如果偏离布莱克本所想的,电话将会被马上挂断(Brand and Scannell,1991:213)。

另一种对热线电话的批评观点是,商业广播中的热线电话手段具有强化其商业宣传的成分,是他们刺激消费的一种手段。澳大利亚的一项研究发现,听众经常在节目中表达"生活艰苦"这样的诉求,但电台传播最多的却是快速直接、促进购买的商业宣传,音乐,无关痛痒的主持人的笑话等混杂信息(Higgins and Moss,1982)。热线电话的权利实际上被剥夺了,当电台的目的是使听众和打进热线电话的听众接受错误的消费主义引导时,热线电话本身是没有被赋权的。

　　智能手机和广播直播间的结合毫无疑问是充满潜力的。现在听众可以在马路上以"公民记者"的身份直接给直播间打电话。这对于报道重大新闻事件具有很大的价值,移动电话在"9·11"事件、伦敦恐怖袭击中都发挥了重要作用。体育爱好者也可以在观看比赛时给电台打电话报道正在进行的比赛,BBC直播5台的《606》节目已经频繁地使用这种技术了。在英国广播历史上,听众的声音第一次在体育和新闻报道中成为重要的组成部分,就是由BBC直播5台实现的,"因为来自听众的热线评论已经成为广播电台节目的主要组成部分之一,可以用来支撑突发新闻的报道而没有违和感。从这个维度上看,可以帮助BBC花费最小的成本来延展视角,丰富报道内容"(Starkey,2004b:35)。

　　移动电话为广播的未来提供了非常引人注目的潜能,它既是接收端也是受众评论和亲历资源的来源。巴塞特在对移动电话的论述中指出,移动电话推动了一种以"速度和强度"为特征运行的生活形式(2003:351)。使用移动电话的人在物理空间意义上不是被锁定在那个特定场所,而是与世界上其他场所的人发生关联。

　　　　这种空间上的变化意味着,今天当我走在街上时,能够同时与其他很远地方的人进行联系。我有新的发现,不仅因为我可以借助手机获得信息,而且因为我可以借助手机将信息传播出去。(Bassett,2003:345)

　　移动电话强大的连接功能唤起了我们对广播曾经拥有的传送能力以及与世界听众交流能力的记忆。因此,广播和移动电话都能通过声音实现远距离交流,但是后者更加热烈和令人激动,"移动空间促使注意力集中,因为它能产生一种强化的行动自由感和加速感,这种感觉可能会从手机空间蔓延到生活的其他领域"(Bassett,2003:350)。因此,手机用户产生通过拨打电台电话与广大听众交流的愿望,促使他们的体验渗透到更公共的领域,也就不足为奇了。

本词条要说明的是热线电话为广播的潜能发挥和流行注入了新的特征。尽管对热线电话仍有许多基于其宣传层面的批评，但也有无数的证据表明，给电台打进电话可以强化和提升大众发声和表达意见的机会。作为听众，我们对他人所说的话很感兴趣，这类节目如果掌握在优秀的主持人手中，将是有益和有趣的。随着移动电话也成为一种广播的接收端，延展传播网络和促进人与人连接的机会将会大大提升。

❓ 思考问题

1. 试论广播热线电话节目的"公共性"。
2. 如何理解"商业广播中的热线电话手段具有强化其商业宣传的成分"？
3. 谈谈今天"热线电话"节目的价值与意义。

➡ 延伸阅读

Crisell, A. (1994) *Understanding Radio*, 2nd edn. London: Routledge. pp. 189-200.

Starkey, G. (2004) 'BBC Radio 5 Live: extend in choice through "Radio Bloke"?', in A. Crisell (ed.), *More than a Music Box: Radio Cultures and Communities in a Multimedia World*. New York: Berghahn Books. pp. 21-38.

Basstee, C. (2003) 'How many movements?', in M. Bull and L. Black (eds), *The Auditory Culture Reader*. Oxford: Berg. pp. 343-55.

播客
Podcasting

> 播客是指制作并上传至互联网,使用 MP3 播放器(或者其他类似的终端设备)收听的音频文件。

21 世纪初,MP3 技术的发明使人们可以从网上下载和传播音频文件,这些音频文件通常是免费的。这项新技术直接威胁到的是唱片产业。非法的文件分享网站纳普斯特(Napster)鼓励用户免费下载音乐,这对于唱片业来说是场灾难。最终纳普斯特被强制停止运营,但是 2004 年苹果公司(Apple®)推出了他们最受欢迎的 MP3 播放器——iPod®,这一产品将 MP3 技术带入了音频媒体的核心。

iPod® 和收听下载音频文件的现象,很明显对广播也产生了重要的影响。首先,iPod® 对音乐广播造成了严重威胁,因为它为听众提供了一种弹性的、以消费者为主导的新的收听方式。既然能从自己的音乐收藏中选择音乐,那为什么还要听 DJ 选择的音乐呢?iPod® 的出现是否标志着音乐广播的终结,如理查德·贝利(Richard Berry)所说"iPod® 是否会杀死广播明星?"(Berry,2006);或者 MP3 技术是否会促成新形态广播的诞生,换句话说"播客"是否有可能帮助广播接近新的听众?

作为一种可以在移动中播放音乐的设备,iPod® 使用户能够构建如布尔(Bull)所说的"个性化声音空间"(2005:343)。他对 iPod® 的研究,揭示了人们通过收听自己选择的音乐而构筑起属于自己的私人音乐空间,以此与逐渐疏离的城市现实协商妥协,"以苹果公司 iPod® 为代表的新技术为使用者提供了令人沉醉的音乐合集,营造出移动收听中的亲近感和私密感"(Bull,

2005:344)。iPod®允许用户收听自己选择的音乐,从而成为可以开拓私人空间的一种工具。这意味着生活高度统一而内心疏离的城市个体,更便利地收听到体现内在的、个人天性的音乐,这一点体现在布尔的分析中:

> 私人化和中介化的声音产品创造了一个私密的、可掌控的、美学化的空间,提升消费者的生活能力,增进他们对生活的诸般渴望。(2005:347)

收听 iPod® 的体验,在某些方面与收听广播有着本质的区别。广播研究的正统观点强调收听广播是一种典型的社会性活动。比如,斯坎内尔所谈到的"共在"感以及主持人为达到这一效果所发挥的作用(Brand and Scannell,1991),或者道格拉斯谈到的广播在 20 世纪的收听方式对时代认同、性别和民族的认同均有所帮助(Douglas,1999)。本书参考的大量文献谈到了直播广播如何构建和定位其听众,鼓励听众体验这种社会化集体收听的感受。但是在布尔看来,iPod® 的用户完全关注于自身。他们使用 iPod® 时沉浸其中,开发其使用的潜能,在其中体验自己的思想、心情、反馈和回忆——"徜徉在个人化的舒适空间中"(Bull,2005:349)。

与上述这种悲观的观点相反,至少站在与广播发展相关的角度提出相应看法的是贝利。贝利认为,iPod® 对广播来说是机遇而不是威胁,事实上也是英国广播业面对来自 iPod® 威胁的一种乐观说法。贝利的乐观观点来自从语言类播客所看到的潜力。因为成本低,听众也可以成为广播节目的生产者并播出自己的音频节目。这实际上契合并丰富了布莱希特(Brecht)在 1930 年提出的真正的民主广播观点:

> 广播可以说是公共生活领域最好的传播渠道,因为它的有线网络四通八达。广播应该能做到,如果广播在知道怎么接收的同时知道怎么输出,在知道怎么让听众说话的同时知道怎么倾听,在知道怎么把听众带入一种社会关联中的同时知道怎样不孤立听众的话。(Berry,2006:147)

在网络日志(blog)取得成功的基础上,人们借助网络日志能够与互联网受众进行创造性的交流,播客为业余广播爱好者创造了这样一个机会。自20世纪20年代广播诞生以来,大量的广播业余爱好者就一直被否定。但是播客生产也存在风险,因为作品都是业余爱好者制作的,贝利认为这些播客的制作者身份复杂,包括信口开河的传道者、自大狂、色情小说家,也包括音频创作人员和其他人员。但至少这是一种没有被审查的"广播","无把关人"的网络技术能刺激生产并提供多样化内容。一些非常成功的播客通常是为小众群体制作的,满足特定的需求。城市和乡村的旅游指南、政治竞选演讲、传播信息和提供教育等内容的播客都很成功。喜剧也很适合在播客中传播。2008年英国喜剧演员瑞奇·热维斯(Ricky Gervais)的播客就是当时最受欢迎的播客。

英国主流广播业已经看到了播客的潜力,并将它用于时移点播节目和另外一种输出模式。BBC已经率先应用播客将其节目重新进行包装。例如,语言类节目《我们的时光》(*In Our Time*)、《足球赛季脱口秀》(*Fighting Talk*)、《瑞斯谈话》(*The Reith Talk*)和《今日》都以MP3模式进行了再传播。播客吸引广播者是因为它可以被再次播出,并可以被再编辑。播客听众也成为广播听众的一部分,促进广播收听率的提升。

对广播持有乐观主义态度的贝利,看到了这项新技术促使年轻的iPod®用户"重新建立广播收听习惯"的潜力。贝利的一位采访对象认为播客"改变了谁在说谁在听的广播现状"。当然,从对广播比较纯粹的认识来看,播客可能不是传统意义上的广播了,但这种争论意义不大。重要的是,对于失去语言类广播兴趣的一代听众而言,他们开始通过iPod®、数字广播、多功能移动终端(手机、MP3和广播)等,被那些勇敢的业余播客、专业播客,或者语言类广播节目深深地吸引着。

❓ 思考问题

1. 如何理解互联网点播音乐或者过去MP3所营造的"个性化声音空间"?

2. 为什么广播的收听是一种典型的社会性活动?

延伸阅读

Berry, R. (2006) 'Will the iPod kill the radio star? Profiling podcasting as radio', *Convergence*, 12 (2):143-62.

Bull, M. (2005) 'No dead air. The iPod and the culture of mobile listening', *Leisure Studies*, 24 (4):343-55.

录音报道
Recording

> 广播节目中使用的各种声音(包括话语),既可以在现场也可以在直播间进行采录。

广播节目可以大体分为三种类型:录播节目、直播节目和"类直播节目"(as live)。前两种类型一看就懂,但是"类直播节目"是指那种听起来像直播,而实际上仍是录播的节目,这类节目听起来具有"现场感"。这类节目提前录制的部分要比我们在广播中听到的数量多。在语言类节目的访谈中,甚至 DJ 主持的大段内容,都可能是提前录制好的,但这一点被很好地隐藏起来了。"现场感"在广播节目中具有重要价值,本书将在"现场感"词条中专门讨论,本词条主要讨论录音技术的发展史,以及它对广播的影响。

无论美国还是英国,录播节目的产生,部分是商业发展推动的结果。美国 20 世纪 20 年代广播网的形成,鼓励各网点的电台制作录播节目以便在其他时间重播,重要的是保证本国不同时区听众的收听需要。早期的录音技术采用铝材料碟片,每张碟片只能录 15 分钟。20 世纪 30 年代的英国,商业电台诸如卢森堡电台(Luxembourg)和诺曼底电台(Normandy)开始播放在伦敦录制的节目,之后又播放来自国外的节目,正如斯特里特所说:

> ……在这之前,广播还是一个"直播"媒介,但是随着商业广播影响的增加,赞助商要求更多名人参与到日益成为一种流行风尚的广播中,录播节目开始变成电台主要的节目输出模式。(Street,

2006a:115)

当时最有名的录播节目应该是在伦敦制作的《欧瓦提内联盟》(*The League of Ovaltineys*),该节目被录制在常规的 35mm 电影音带上(通常用于电影工业中),然后输出给卢森堡电台,每周日晚播出(Street,2006a:112)。历史上,BBC 对新技术的接受通常要稍慢一些,到了 20 世纪 30 年代,随着帝国发展对媒体输出的需要,英国对录音技术的需求才开始出现(Street,2006a:134)。

录音新技术的使用,不仅因为当时需要把整档节目在不同地方和时区播出,需要进行剪辑,也因为在 20 世纪 30 年代,越来越多的广播制作人意识到录音技术可以创造一个更新、更好、更吸引人的广播类型:

> ……BBC 内部,因记者、广播剧和专题节目制作人的压力而发展出一项可以创造性地呈现现场场景、抓住"现场"时刻的技术。捕捉现场、目击者陈述以及现场感,成为广播新闻事业区别于报纸的重要特点。同样的观念"为麦克风带来新鲜空气",成为十年后一种新的艺术观念,影响着广播剧和广播特写领域。(Street,2006a:134)

事实报道的专业追求与第二次世界大战的报道需求不谋而合,这成为 BBC 发生变化的重要催化剂。现实情况也与上述引证契合,大众想听到前线发生了什么,最好是第一手报道,甚至是打仗的声音。BBC 战地报道启用了移动录音车,最初每张便携式碟片只能录 3 分钟的声音,一旦录音碟片被运送到安全地点,所录制的内容就能很快被发送回伦敦,并在新闻报道中被使用(Nicholas,1996:204)。通过这种方法,诸如理查德·丁布尔比(Richard Dimbleby)等战地记者,在战时报道中传递出了具有鲜明现场感的战时消息和故事。到了 1943 年,便携式碟片录音机已经可以被置于飞越柏林的轰炸机中来进行声音记录,之后又记录了诺曼底登陆。与此同时,战争的另一方,德国工程师也发明和使用了磁带录音机。当英军占领位于汉堡的德国留声机公司(Deutsche Grammophon)的工厂时,他们发现了记录希特勒演讲的磁带,"为第三帝国的子孙留存"(Street,2006a:133)。

　　战后,BBC在从碟片记录过渡到磁带记录上又相对慢了一步。1951年,BBC所有录音都被记录在碟片上,到了1952年,BBC拥有六台百代(EMI)小型录音机。磁带录音对早期时事报道广播节目的影响并没有太多的体现,但是它已经具备解决许多问题的潜力,包括能够获得足够多即时更新的、有趣的声音素材。录音技术能够掌控那些没有提前准备的讨论,或者有效应用于广播杂志类节目模式,也方便制作人对访谈中含糊和重复的部分进行剪辑。磁带录音也极大增加了可用音频素材的数量。记者能够对全世界发生的事件进行采访和评论,也增加了节目的多样性和时事话题感。事实上,随着媒体转向社会现实报道,越来越多的录音作品不在录音室中完成,因此老式广播直播谈话类节目被削弱了。

　　有趣的是,并不是所有广播人都愿意拥抱新的录音技术。新的录音技术很方便,同时也带来了大量新的素材资源,但是有些录制声音不如直播广播中的声音。斯特里特引用了布里格斯(Briggs)的观点,一种战后BBC的主流观点:

> 基于职业道德考虑,"现场"广播比录制广播要好得多:就听众而言,他们更愿意听到"现在播放的是……";就麦克风那边的艺术家而言,如果知道节目是录制的并有重录的机会,他们会更容易表现得平庸。(转引自Street,2006a:118)

　　尽管有这些不利之处,录音节目仍然慢慢在广播中普及起来。我们需要从广播的特质和优势角度考量录音技术发展的重要性。毫无疑问,其中一点是广播播放普通人的声音,超越精英阶层的声音和观点,成为一种民主的大众媒介。人民的声音或"民意"(Vox Populi)被看作战前开播于1932年的美国《公民之声》(*Vox Pop*)节目的核心。如果没有录音技术,这绝非易事,"在休斯敦市中心的KTRH广播电台窗户上悬挂着一根长长的连着电线的麦克风,主持人拦住了毫无准备的路人并抛给他们问题——直播的、未经审查的、同步播出的"(Loviglio,2005:47)。真正便携式磁带录音机的发明与相对便宜的磁带相结合,使记录平凡生活的声音变得更为容易。英国创新型广播制作人查尔斯·帕克特别运用录音技术记录工人阶级不打草稿、日常生活的话语(也就是常说的"方言")。50年后,人们仍然使用这种录音方式记录路人的观点,并将其应用于广播节目中,这是对广播发挥民主潜能的一种贡献。

过去十年左右,声音录制技术经历了戏剧性的变化。卷轴式录音机最初在20世纪80年代末被数字录音带(DAT)取代,然后迷你盘(MD)录像机取代了DAT。MD录像机非常轻便,便携且便宜。在撰写本书时,固态记录仪已成为英国的行业标准。这种记录技术的数字化反映在广播录音室中,其中固态记录和大大改进的数字回放系统在行业内已经很常见。这些变化与数字编辑的引入同时发生,数字编辑可以使声音直接呈现在计算机屏幕上,其中包括使用视觉化的音频波形来显示编辑工作。

今天,许多优秀的语言类节目都是录制的(参见"广播纪录片与广播专题节目""广播剧"词条)。制作人能够以特别富有想象力和创造性的方式选择和组合各种声音,几乎可以使用现代录音和编辑技术"构成"广播的内容。预先录制的节目是广播最接近艺术的节目,但它不应该减损广播的其他基本特质和优势——非录制的直播广播所拥有的现场性、亲密性和即时性。

思考问题

1. 广播特写与广播纪录节目有什么差异?
2. 分析录音报道的诞生及其后来发展的内在原因。

延伸阅读

Starkey, G. (2004) *Radio in Context*. Basingstoke: Plagrave Macmillan. pp. 1-24.

Harman, J. (2004) 'Recording and studio equipment', in C. Sterling (ed.)

The Museum of Broadcast Communications Encyclopedia of Radio, Vol. 3. New York: Fitzroy Dearborn. pp. 1187-93.

Street, S. (2006) *Crossing the Ether: British Public Service Radio and Commercial Competition. 1922 −1945*. Eastleigh: John Libbey.

连续剧和肥皂剧
Serials and Soaps

> 广播肥皂剧(或连续剧)是一种长篇连续的戏剧形态,在美国广播早期发展中发挥了非常重要的作用。

当代研究媒体的学生熟悉长时间播放的电视连续剧或"肥皂剧"的重要性。关于电视肥皂剧的文章很多,因为它在电视台节目播出中有很重要的分量;在撰写本书时,英国最受欢迎的五大电视节目均为肥皂剧。但广播剧作为其类似的节目形态,今天已经被视作相当陈旧的一种媒体内容样态。尽管就广播剧本身而言它们有趣而重要,但这一点却无法被广泛认知。目前广播肥皂剧可能已经乏善可陈了,但追溯其起源,最早可以在 20 世纪 30 年代的美国电台中找到它的名字(参见"广播剧"词条)。

回看针对美国 20 世纪的广播研究,希尔姆斯和道格拉斯的论述富有影响力,他们分别针对"广播肥皂剧"主题展开了研究。然而,值得注意的是,希尔姆斯认为广播肥皂剧的起源和生产方式,主要针对女性创作者和受众,因此是值得详细讨论的节目样态。相反,道格拉斯几乎没有提及广播肥皂剧,而是选择专注于喜剧、体育和音乐类节目研究。这可能是该类型节目本身决定的:对于一些人而言,肥皂剧是广播做得最好的、创造亲密的、通常是女性化的日常世界的关键例子;但对于另一些人来说,它可能因此类特点而被看作无关紧要。

肥皂剧首次出现在美国广播电台中的时候,以广播喜剧(包括《阿莫斯和安迪》)和流行音乐为代表的、广告驱动下的大众文化,正与秉承"高雅文化"理念的大型广播电台网发生激烈冲突(同时让人联想到 BBC 当时的情况)。广告商开始注意到,广播所提供的内容很容易流行起来,广播具有吸引大众的潜力,特别是吸引女性听众。这就可以解释为什么当时广播剧这类迎合女性喜好和兴趣的节目开始占据广播日间时段了。

《克拉拉、卢和艾玛》(Clara, Lu and Em)是1930年一档傍晚时分的"喜剧素描秀"(comedy sketch show),由刚从美国西北大学毕业的三位年轻女性表演(Hilmes, 1997:151)。这档大型即兴表演节目中有三个角色,包括一位五个孩子的母亲和她不可靠的丈夫。

1931年,《克拉拉、卢和艾玛》在每个工作日的晚上10点30分加入NBC蓝色广播网(NBC Blue line-up),由"超级肥皂"洗涤剂公司赞助,这就是世界上第一部肥皂剧。1932年,这部肥皂剧被改成在日间时段播出,由高露洁(Colgate)赞助,成为日间播出、专为女性听众设计的第一部连续剧(Hilmes, 1997:109)。随后,日间广播肥皂剧铺天盖地而来。到了1936年,55.3%的电台日间节目表都为广播连续剧所占据。

早期肥皂剧有一个特点,事实上这也是所有广播和电视连续剧共有的一个争议性特点,即关注女性生活,受众也明显是女性观众。正如巴纳德(Barnard)所指出的,早期广播肥皂剧和女性杂志小说有密切的关联(2000:115)。出轨、生活选择(通常是要不要结婚)、作为母亲的生活日常、不可靠的丈夫、家庭疏远和离婚等都是其表现的典型主题。肥皂剧中女性通常代表着强势和支配地位,男性就算出现,也往往是边缘角色。总之,所有的肥皂剧都是通过反映女性的诉求来吸引更多女性受众的。

> 日间广播剧的播出显示,女性表达了20世纪三四十年代几十年间冲突所面对的问题,特别是20世纪30年代女性被动的家庭生活与女性对这种有限社会作用的沮丧之间的紧张关系,肥皂剧是以此为专门目标制作的节目形态。过去女性的这一需求被忽视,很少被那些占据电台主导话语权、掌管主流电台节目接收的高管和评论家所关注或理解。(Hilmes, 1997:154)

认为肥皂剧表达了女权主义、自由化品质的观点,和将肥皂剧视作强化了女性家庭角色的观点之间存在着争论冲突(电视剧研究中同样存在)。对于广告商和电台管理者来说,广播肥皂剧是生产给那些以家庭用品消费为主的易于痴迷的听众群的,因此最好不要挑战女性作为家庭用品核心使用者的作用。希尔姆斯(Hilmes)强调的不仅仅是肥皂剧在吸引受众上展现出的潜能,也指出了女性制作人主导作用的凸显。肥皂剧可以被视为对男性主导公共空间的一种"次生对抗性公共空间"(subaltern counterpublic)(参见"性别"词条)。女性制作人和女性作家所做的是通过广播连续剧营造一种社会公共空间,在这个空间中"女性问题"处于公众讨论的范围内。肥皂剧的制作过程在范围和组织上类似于工厂产品生产。肥皂剧的故事主要由那些服务于长期播出,比如《生命之路》(*Road of Life*,1937—1959)、《幸福的权利》(*The Right to Happiness*,1939—1960)等编剧团队的女性编辑完成。

　　早期的肥皂剧是一种高度女性化的体现,也反映在其节目播出时间表上,不出所料,这些节目被贬低为通俗和无聊的,与男性的、高雅文化主导下的夜间广播不同。如果将肥皂剧视为女性专属广播节目,那么如奥森·威尔斯的《空中水星剧院》(*Mercury Theatre of the Air*)这样的节目则颇具野心,是一个更加吸引男性注意力的广播剧。事实上,CBS广播网鼓励奥森·威尔斯从事这类节目的播出,一定程度上是为了体现与罗斯福政府一些官员的看法不同,因为他们认为广播已经非常大众化和商业化了。政府官员的这些观点与NBC芝加哥分部的负责人西德尼·斯特罗茨(Sidney Strotz)对日间肥皂剧的观点有关。西德尼·斯特罗茨认为,"肥皂剧迎合了那种女店员式听众的粗糙情感追求,也迎合了那些感情脆弱、同情心泛滥的神经质类型的听众,她们痴痴地坐在收音机前,拿着'真实忏悔录'的稿子,(很有可能)狂饮着杜松子酒和姜汁淡啤酒"(Hilmes,1997:157)。

　　虽然电视肥皂剧像广播肥皂剧在类型、模式、传统和生产流程层面的一个子类型,但广播肥皂剧并没有在电视出现后继续幸运地发展下去。许多备受欢迎的广播肥皂剧都与他们的制作人一起转向了电视界[比如《金伯格》(*The Goldbergs*),在电台播出20年后,被他的创作者格特鲁德·伯格(Gertrude Berg)带入了电视界,又播放了10年]。

　　英国广播连续剧的发展史与美国没有什么特别不同。战前广播的高雅文化、公共服务价值,以及"混合节目"的理念,使得像广播肥皂剧这样程式化的节目不可能出现。然而,二战时期,BBC 发展变得更具有弹性,广播网从一个发展成三个,这为非高知识含量的节目类型提供了很大的生存空间。对英国广播来说,有一档前无古人后无来者的广播连续剧 ——《阿彻斯家族》(The Archers),自 1950 年在英国中部地区开播到现在,仍是 BBC 广播 4 台最受欢迎的广播节目,该剧每周播出 6 天,每集 15 分钟,每日重播,周末还有综合版(每集重播三次)。这一反映"乡村民谣般的日常生活故事"的广播剧播出时间如此之长,归因于一个有关英国社会的独特事实,即尽管大多数人都是城市居民,对乡村知之甚少,但英国人的身份认同常常与农村生活方式联系在一起。对他们来说,《阿彻斯家族》就像一个窗口,可以深入去看猎狐狸、口蹄疫和有机食品生产,以及乡村板球、一个满是"村里熟人"的酒吧等。这个节目一直有一个农业故事顾问,这有助于围绕"阿彻斯家族"这个农民家庭,赋予广播剧更大的真实性。它在英国广播中就像一个时代的错位产物,但却取得了巨大的成功。

在音乐专业化频率诞生和老的节目形态接近消失之前(除美国的脱口秀广播、英国的公共服务广播之外),广播肥皂剧是相当成功的。其成功在一定程度上归因于这种节目类型的新颖性,它使女性能表达自己的声音、强调自己的诉求。当然,这种节目类型的短暂流行也有另外一个原因,即它具有独一无二的"广播属性"(参见"广播化"词条)。正如斯坎内尔所指出的,按照节目表的安排,广播节目定时播出,反映并强化了每日生活的节奏。广播"早餐"类节目既符合吃早餐时人们的心情和活动,也使这样"听着广播""从事早餐活动"构成每日生活的一部分。"早餐""驾车""周末"等成为某种意识形态层面的建构,格式化并限定着日常生活,广播在这个建构中发挥了重要作用。埃利斯(Ellis)在有影响力的"碎片化的电视流"分析中也提出了类似的观点,即电视是家庭日常生活轨迹的一种"镜像"(2000)。广播反映当代生活的日常性是其一个非常重要的特征,听众的日常生活被广播的日常化及其相关性特征建构。广播肥皂剧同样受到这个特征的影响,因为它不仅在主题上有可能回应听众对日常家庭生活方面的关注,而且在时间表中以令人放心的固定位置,创造着一个伴随时间流逝与真实世界平行的虚构世界(Hendy,2000:184)。

这也给我们留下了一个有趣的谜题,广播肥皂剧是一个具有极高广播属性的节目。它嵌入听众日常时间安排中,用他们的生活和内在关注事物的反应来标记个体的日常生活。这本应是由广播肥皂剧来完成的,但今天不会是它,因为昔日的广播肥皂剧已经消失了。广播肥皂剧现在可能还在一两个地方存在着,而且于所在之地非常成功,这也证明了肥皂剧具有独特的广播属性。在电视和电影垄断的视觉传播时代,广播肥皂剧这种剧集形态基本被抹掉了,幸存无几。非洲也有一些关于广播肥皂剧很好的案例,应用于国家发展的需要,例如防范艾滋病、人民健康、大众营养和农业知识的传播等,可以通过广播肥皂剧的形式得到更好的传播。

思考问题

1. 为什么说广播肥皂剧是极具广播属性的一类节目形态?
2. 试分析性别研究在广播媒体中的体现。

延伸阅读

Hilmes, M. (1997) *Radio Voices: American Broadcasting*, 1922 – 1952. Minneapolis, MN: University of Minnesota Press. pp. 150-82.

体育广播
Sport

> 体育广播是一种基于体育赛事的现场报道、后续讨论、专业分析和热线电话的节目类型或频率模式。

针对广播中"体育"节目始终存在着争议,鉴于体育本身所具有的形象化性质和较强的视觉特性,它如何能在广播这种非视觉化媒体上取得成功?体育比赛中基本不需要语言,现场如果有声音,通常也是来自群众的呼喊声。然而,广播和体育节目的结合却相当成功,正如苏珊·道格拉斯所说,"电波中的体育比赛,可能是20世纪二三十年代美国文化中民族主义最重要的体现"(1999:200)。的确,广播发展史始终是与体育报道、评论员、赛场报道、热心听众交织在一起的。体育和广播,这两个有很大差异的事物能够如此紧密结合,我们该如何解释呢?

20世纪20年代BBC对体育报道的早期尝试,遭到了焦虑的报纸发行商的极度阻挠,他们的理由是,BBC体育新闻报道会直接影响到报纸的销量,这一点是可以理解的。因此,最早的广播体育节目仅仅是关于埃普瑟姆·德比赛马(Epsom Derby)的实况音响(无评论)。不幸的是,当时下了一整天雨,"比赛的过程中,泥泞的地面根本没有马蹄声,甚至连赌马者、胜率预测者、观众们都躲在伞下避雨,而不是欢呼着迎接优胜者"(*BBC Yearbook*,转引自 Scannell and Cardiff,1991:25)。所幸的是,授予成立 BBC 的宪章解除了这种审查制度,1927年见证了一系列广播体育报道方面的"第一次",包括第一次报道英式橄榄球比赛、第一次报道足球比赛,随之而来的是体育赛季的其他报道,比如国际板球锦标赛、牛津剑桥年度赛艇对抗赛、温布尔登网球赛等。

正如斯坎内尔和卡迪夫（Cardiff）解释说，战前的 BBC 是由瑞斯（Reith）和那些国家文化守卫者、整合者塑造的。20 世纪初，许多不同的机构共同建构起国家身份认同，这些机构中 BBC 的作用是最为突出的。20 世纪二三十年代的广播"向听众现场报道一系列影像、符号、事件和庆典，使国家的概念不再抽象，而变得可感可知"（Scannell and Cardiff, 1991:277）。多年之后，广播报道创造了社会事件的年历，记录了过去的宗教节日（圣诞节和复活节）、万圣节和其他庆典等，更重要的是，记录了体育年历中的各种事件。

美国体育广播报道要比英国早几年。1921 年，美国广播报道了最早的棒球赛（匹兹堡海盗队对费城队）；同年，邓普西（Dempsey）和卡彭铁尔（Carpentier）对抗的拳击赛也成为当时备受欢迎的广播节目。这两项体育活动的流行促进了广播地位的建立，也吸引了大量听众，有时达数百万人。到了 1942 年，已经有 2500 万固定听众收听广播棒球比赛，据估计，1938 年，有三分之二的听众通过收音机收听了乔·路易斯（Joe Louis）击败马克斯·施梅林（Max Schmeling）的拳击比赛。

早期的广播体育评论员表现非凡，他们轻松、兴奋、口语化、戏剧性和唤起共鸣的评论充分探索着广播这一新的媒体样态的广泛可能。这些评论往往是评论员发挥想象力的结果。支付莫尔斯电报码账号的费用（由西联汇款公司提供）要比专门派出一位现场实况评论员便宜多了。之后"广播主持"就会凭借自己的想象力对电报条上的文字做出生动的描述，同时配以现场的声音效果（Douglas, 1999:210）。

根据道格拉斯的观点，美国广播中的体育节目在定义和强化美国人和男性群体身份认同上发挥了重要作用。20 世纪 20 年代，美国人口结构相对多样化，有相当大比重的人口都是移民。当时许多人都有这样的疑问：一个美国人应该具备什么特质？是否需要某些美国化的形式表达？答案之一来自大众对广播体育节目的热情回应：不同社会背景的体育爱好者聚集在一起，支持本地球队或者国家队，在此过程中也加强了对比赛规则和"公平竞赛"重要性的理解。体育体现了家长制和民主观，也使这些概念从宏观的公共层面进入微观的家庭范围。当著名的非洲裔美国人、拳击手乔·路易斯击败德国人马克斯·施梅林时,黑人和白人团结在一起庆祝胜利,这似乎彰显了民主的价值观念,同时也表现了美国人的坚韧和男子气概。对于经济大萧条时期身心疲惫的美国男人而言,这些是非常具有吸引力和符合时代精神的。

体育运动,尤其是广播节目中的体育运动,一直是专属于男性的主要活动。道格拉斯认为,经济大萧条时期正值人们对什么是"真正的男人"深感焦虑之际,从广播中收听体育节目的行为在很大程度上体现了美国人的男子气概(1999:66)。广播体育节目不单展现了拳击手的野蛮力量,也向听众展示了各种各样的男子气概,例如拳击手(不论黑人或白人)的力量和决心,棒球运动员的天资、机巧和灵敏,体育解说员的语言驾驭能力和智慧等。男性也学到了做人的价值观和应该遵守的规则:尊重权威、从容进攻、保持竞争力和公平竞赛。父亲和儿子在收听拳击赛和其他比赛时,这些价值观的认同促使其关系更为紧密。道格拉斯认为,体育广播主持人在展现男子气概的细微差别和多样性方面尤为重要:

> 在体育节目的广播解说中,这些男性体验着畅快淋漓的情感和各种各样的角色,而这在办公室或工厂车间里是不被允许的。具有讽刺意味的是,收听一些粗犷的内容,比如体育广播节目,这一行为本身就证实了一个人的男子气概,一个人可以在不被女性化的情况下放松自己,用语言和身体来表达喜悦、高兴、担忧、希望、绝望和对他人深深的依恋。(1999:217)

道格拉斯是否夸大了体育广播对男性身份认同的影响还有待论证,但是可以肯定的是,体育节目使男性可以展现他们平时不会表现出来的情绪,因为那样会被视作女性化。

很多关于战前体育广播的论述多少夹杂了一些特殊的怀旧情感,但是这种节目类型和模式在电视时代仍然保持着惊人的健康发展态势。尽管电视多为现场报道,比如高尔夫比赛、足球赛、棒球赛、网球赛等,但是广播已经适应了这种竞争并取得了不俗的成绩,这要归因于实况广播体育评论具有较高的水平和技巧。自1957年以来,BBC的《国际板球锦标赛特别报道》(*Test Match Special*)对英国板球比赛中的每一个投球都进行了现场直播。著名的板球评论员和诗人约翰·阿洛特(John Arlott)在总结广播体育评论员应具备的素质时指出,广播评论员既要描述比赛又要读懂比赛,同时他本人还会在解说中运用诗一样的语言,比如"你可以听到观众的叹息声就像被刺破的自行车轮胎","劲风之下远处的树木也为之震颤","这片土地上的每一个英格兰人都与他同在,每一个西印度群岛的人都在索命于他"(John Arlott in Crisell,1994:131)。BBC的足球报道是很特别的赛事报道,从1994年开始,BBC直播5台成功地将新闻和体育融合在了一起。足球是节目的核心,其中不仅有对英超联赛的现场评论,还有许多体育新闻报道和讨论,最具特色的是热线电话节目《606》。体育是英国工人阶级的最爱,与其他英国文化不同,体育在伦敦和南部城市以外地区发展更为壮大,因此足球报道主要使用工人阶级和地方的口音。收听直播5台体育节目的人和收听广播4台以操着南方口音为主的中产阶级有着很大的不同。体育广播的热线电话很火爆,这是节目的重要内容。《606》节目的成功得益于今天球迷使用手机的便利,因为这些球迷在看完球回家的路上就可以给电台打电话,来表达赢球的喜悦或输球的沮丧。其结果是节目几乎成为"粉丝们"和操着地方口音打进热线电话的人以他们毋庸置疑的工人阶级身份进行的媒体庆典。这和BBC广播的其他节目形成了鲜明的对比。

托尔森对BBC实况足球评论的研究与克里斯尔对板球的评论有相似之处,即足球评论员在节目中不仅要描述比赛,还要进行评论,也就是为听众"读懂"比赛(2006:104)。因此,无论哪队表现好,球队是否受益于新换的经理人、是否缺少比赛策略等,都应该在评论中有所体现。此外,评论应该涉及更广泛的与"元叙事"有关的主题(比如英国足球水平的下降、裁判水平的欠缺、联赛中外援人数的增多等),从而使接下来有更多的讨论,使热线电话参与者有话可说。

托尔森还对比了广播和电视的足球评论节目,他认为电视报道更具理性和分析性,而广播体育节目更具激情和集体感。广播的定位是人群中的球迷与评论员分享自身的感受(Tolson,2006:112)。广播足球评论的一个显著特征是评论员和专业的"总结者"之间的交流,后者通常是著名的前球员或教练。这就产生了一种巧妙的错觉,即主持人和听众都在人群中。这就是为什么广播足球解说中不使用直接引语,而往往以听众"无意中"听到的两名观众之间非正式互动玩笑的方式呈现。

BBC广播体育节目和"体育脱口秀"在美国的成功,表明小众的体育广播不仅非常受欢迎,而且非常有利可图。WFAN是纽约一家专业的体育和体育新闻电台,其中也有脱口秀明星唐·伊姆斯主持的一档早间节目。体育聊天和体育评论的成本很低,再加上25—54岁的目标受众大多是男性,使得WFAN成为第一家商业收入超过5000万美元的电台。高水平、专业化的体育播音员、主持人,加上体育迷们的热情(有些人通过网络收听),意味着体育广播这类节目或者频率将有一个健康发展的未来。

❓ 思考问题

1. 试分析体育广播的特征及其未来发展前景。
2. 试讨论体育广播在国家身份认同建构中的作用。

➡ 延伸阅读

Douglas, S. (1999) *Listening in: Radio and the American Imagination, from Amos 'n' Andy and Edward R. Murrow to Wolfman Jack and Howard Stern*. New York: Random House. pp.199-219.

Crisell, A. (1994) *Understanding Radio*, 2nd edn. London: Routledge.

Tolson, A. (2006) *Media Talk: Spoken Discourse on TV and Radio*. Edinburgh: Edinburgh University Press.

广播脱口秀

Talk Radio

> 广播脱口秀是美国的一种广播模式,它的特点是有一位杰出的、观点鲜明的主持人(有时听众称其为"惊人杂谈类节目主持人")。节目通常需要与听众连线。

广播脱口秀几乎是美国独有的一种广播现象,它的成功得益于美国广播行业的特殊条件。1987—2003年,美国脱口秀电台的数量从125个增加到1785个,通常在调幅广播上播出。正如它的名字所暗示的那样,广播脱口秀以"话语"为基础,以著名主持人或名人主持人参加为特色。大多数脱口秀节目包括新闻、访谈和热线电话等,这些元素成为脱口秀节目的重要组成部分,主持人所持有的鲜明观点也是脱口秀节目的重要构成元素。

广播脱口秀主持人的先行者之一是声名狼藉的教父查尔斯·考夫林(Charles Coughlin),他对共产主义和国际银行业的抨击在20世纪30年代中期演变成对罗斯福新政(Roosevelt's New Deal)的攻击,后降低维度为反犹太主义并为纳粹主义道歉(参见"仇恨广播"词条)。现代的广播脱口秀模式可以追溯到杰里·威廉姆斯(Jerry Williams)主持的节目《你在想什么》(What's On Your Mind),该节目在新泽西州卡姆登的一个电台播出。20世纪60年代,在洛杉矶的KLAC上,乔·佩恩(Joe Pyne)为他的节目添加了这类脱口秀节目独特的元素,即直率、挑衅、"直面"的品质,使他的节目有"侮辱电台"(insult radio)的称呼。

拉什·林堡(Rush Limbaugh)也许是最成功也最具影响力的广播脱口秀主持人。他通过节目来宣传保守的共和党人观点,同时反对女权主义、环境保护主义和自由主义。最初他是里根总统的热情支持者,民主党人比尔·克林顿入主白宫后,他成为克林顿政府直言不讳的批评者。林堡的成功和巨大的政治影响力很大程度上归因于它对广播媒介的熟练掌控能力。他16岁时是一位电台DJ,可以熟练运用广播中的谈话和音效、讽刺和音效,从而逐渐形成了一个具有政治领袖气质的主持人形象。他既是一位煽动者也是一位耐心教导听众的教师,"他将听众带入光彩夺目的演讲大厅,帮助听众将自己视为一个文化群体的一部分,在这个群体中,不仅是精英,连普通人都必须拥有知识"(Douglas,1999:316)。

广播脱口秀造就了一些特别口无遮拦的"惊人杂谈类节目主持人",其中包括霍华德·斯特恩和唐·伊姆斯。他们的节目特点是色情和政治性,最明显的是反对女权主义和自由主义。斯特恩反对旨在消除歧视的平权行动政策,谴责"心肠软弱的自由派"和"福利女王"。他展示了青春期男孩在衣帽间里表现出的那种对性别歧视、种族歧视、粗鲁和自我陶醉风格的痴迷。然而,依据苏珊·道格拉斯的说法,斯特恩很有意思,在他充满睾丸激素影响下的对女权主义的攻击中,他用独特的自嘲式智慧表达了男性内心深处的焦虑。她将斯特恩描述为一个无政府主义、自由派和保守主义的观点糅合的复杂组合体。斯特恩的这些观点至少与主流媒体截然不同,令人耳目一新。斯特恩是言论自由的热情支持者,并提倡公开讨论性。他还与被剥夺了公民权的男性听众建立了联系,"许多美国人,尤其是许多男性,感到他们没有被主流媒体关注或倾听——这推动了广播脱口秀成为一种全国性的现象,并成为一种全国性的政治力量"(Douglas,1999:300)。

从上面的资料中可以看出,广播脱口秀真正腾飞是在20世纪80年代末,其快速增长的原因可以从三个方面来解释。首先,20世纪70年代末卫星技术的发明促使20世纪80年代初旧式广播网的现代化重塑,电台联合制作播出节目也成为可能。这就把那些明星主持带到了地方广播台,相应地节省了开支,例如20世纪90年代,拉什·林堡秀在美国650家电台播出。传播技术的不断进步,也使主持人与制作人之间的沟通和交流变得更加简便和快捷。其次,20世纪80年代,广播管制放松,特别是联邦通信委员会(Federal Communications Commission,FCC)于1987年废除了"公平原则"

(Fairness Doctrine),这意味着广播电台在节目中不需要考虑保持政治观点平衡。极右翼主持人随后可以播出同一政治观点的节目内容。不受限制的政治偏见表达已经成为可能,也存在大量潜在的听众,因此这一类型节目迅速在业内普及。

广播脱口秀成功的第三个原因是其吸引了那些感觉自己在政治上被剥夺了公民权的听众。广播脱口秀的主要听众是白人工人阶级,他们觉得自己被主流自由媒体忽视,而相对匿名的热线电话则使他们感觉到可以在平民化公共空间中占有一席之地(Hendy,2000:209)。当1992年比尔·克林顿提名佐伊·贝尔德(Zoe Baird)担任司法部长时,主流媒体对有关她避税和雇用非法移民从事家政工作的爆料反应迟缓。多数报纸和电视没能疏导公众情绪,而广播脱口秀则通过热线电话,快速及时地反映了"普通美国人"的愤慨(Hendy,2000:208)。主流媒体善于传达华盛顿精英们的意志,但却无法反映那些以传统的、保守的美国视角来观察世界、心怀不满的工人阶级的要求。广播脱口秀主持人理解这些听众的心声,并能够运用高超的主持技巧和对广播媒体的理解,消除偏见,发出响亮而震撼的声音。

关于广播脱口秀我们留下了一些很难回答的问题。为什么广播脱口秀都很保守而且反对自由主义?广播脱口秀具有的反动(反思)性质会不会对社会造成影响?第一个问题的可能答案是:广播脱口秀诞生初期,特别是20世纪60年代,自由主义者和改革派都抛弃广播转向了更吸引人、更具可视性的电视,使广播表达政治权利处于空白地带。当然广播并非天生就是右翼媒介,但是广播史上却不乏这样的例子——广播为右翼提供了表述的空间,而其他媒体则排斥了这种需求。从美国民主整体影响的角度,我们有理由关注这种现象。人们至今都在争论持续存在的右翼偏见对社会公共生活的破坏性,有些人认为广播脱口秀推动了偏见传播,用《世界新闻评论》(*World Press Review*)的话说,广播脱口秀使美国成为"一个痛苦的自我质疑的国家"(Ellis and Shane,2004:1373)。英国的广播脱口秀与美国没有可比性,对商业电台的管制和BBC公共服务价值理念,都使得英国听众免除了受到英国"斯特恩"式或"林堡"式的煽动。是否会因此导致英国听众舆论利益受损,这是一个很值得讨论的问题。

❓ 思考问题

1. 试分析广播脱口秀的重要组成部分。

2. 以案例分析的方式,讨论广播脱口秀中的"娱乐性"与"政治力量"之间的博弈。

3. 为什么有人认为美国广播脱口秀推动了"偏见传播"?

📖 延伸阅读

Hendy, D. (2000) *Radio in the Global Age*. London: Polity Press.

Douglas, S. (1999) *Listening in: Radio and the American Imagination, from Amos 'n' Andy and Edward R. Murrow to Wolfman Jack and Howard Stern*. New York: Random House.

听众和接收

听众
Audience

> "听众"这个词条既指听众个体也指听众群体。

所有的广播节目都是为听众制作的,在一个庞大的听众群体中,听众往往以个体的方式接收和收听信息。今天,每一位创制广播节目的人都不得不认真考虑谁会收听节目,这将对从业者所制作的节目产生很大的影响(Hendy,2000:115)。从广播史来看,早期 BBC 忽视听众的需求和期望,认为广播节目应该发挥教育和告知的作用。直到 1936 年英国广播才建立了听众调查中心;二战后,BBC 才开始在轻松娱乐台(Light Programme)播放舞曲和喜剧这类流行娱乐内容来满足听众的需求。商业广播对听众的关注程度更高,大型研究机构(英国的 RAJAR 和美国的阿比创公司)提供了详细的统计数据,以满足广告商对听众统计的需求。

广播收听的物理方式和空间维度在很多重要的方面都发生了改变。最早的广播听众用笨重的头戴式耳机收听节目,还需要具备较好的技术知识来操作设备。这就使广播的收听局限于个体听众,且多为男性听众。20 世纪 20 年代,电子管收音机开始被推广,这些笨重的零件被装配进一个木匣子里(参见"接收设备"词条),广播如同从后院工具棚搬进了室内,"比较 20 世纪 20 年代前五年和后五年的广播接收装置,可以看到在设计上从最初的机器设备转变为家具的设计,广播成为家庭生活的重要组成部分"(Street, 2002:29)。以居家和家庭收听为主的广播转向,以 20 世纪三四十年代富兰克林·罗斯福总统的炉边谈话为代表,强化了美国公民的国家意识和家庭感。20 世纪 50 年代,随着晶体管收音机的推广,收音机变得更加轻便和便宜,广播又重回个人化媒体时代。与此同时,车载收音机也开始流行起来,延展了广播的接收方式。最早的数字收音机,虽然巨大而笨重,却拥有良好的音质,也似乎在推崇传统的静态收听方式,但移动电话的出现的确强化了广播在个人收听和移动收听两方面的听觉体验。

广播技术的改变促进了广播听众数量的大幅增长,同时潜在的听众数量也在增长。事实上商业广播电台将其听众"出售"给了广告主,因此需要对全天时段的听众进行画像,例如年龄、性别、阶级情况等(参见"广播广告""商业主义"词条)。听众人数越多,广播电台赚的钱也就越多,因此商业广播也就无所顾忌地为听众提供他们愿意收听的节目。为什么这么多音乐广播听起来会完全一样,有一个相当令人沮丧的原因。广播公司有一种强烈的倾向,即找出最赚钱、最容易取悦的那部分听众群体(喜欢"音乐排行榜节目"的年轻人),然后以类型化的广播模式锁定这部分听众。这就是为什么美国每一个城市都有当代排行榜音乐台、经典摇滚台和成人现代音乐类型台;英国商业广播也不例外(Hendy,2000:27)。这种听众驱动的节目制作方法也解释了为什么要在清晨和傍晚的节目中投入如此多的精力。最受欢迎的时段正是人们起床吃早餐和晚上开车回家的时段。广播在高峰时段所倾注的精力和所体现的专业性,往往与一天中其他时段的节目情况形成令人失望的对比。

因此,在商业广播模式下听众的数量能达到几千人甚至数百万人,电台也为听众量身定做了他们喜欢和满意的节目。但在广播本质和人们为什么要听广播之间存在一个两难的境地。你会在本书其他章节中读到,广播主持人对广大听众的讲话方式应像是在对单个人讲话。在英国广播史中,这一发现源于BBC谈话节目的负责人希尔达·马特逊。20世纪20年代后期,她意识到主持人面对广大听众讲话时,需要想象自己是在与一位个体听众交流,而不是在一个坐满听众的礼堂里演讲。广播属于家庭媒介,因此主持人的讲话方式应该"类似于日常的、非正式的谈话方式,而不同于公共场所的正式演讲,更倾向于每日生活中的人际交往方式,而且应符合听众现居住地的言语交流习惯"(Scannell,1991:4)。商业电台面临的困境是,一方面要平衡听众作为消费群体的需求;另一方面又必须要采用一种亲密和个性化的广播表达方式。

广播自诞生初期延续至今的一个成就是构建了这样的话语方式:听众感觉自己投入到节目中并受欢迎。比如,从听众收听广播主持人节目的经验来看,听众并不仅仅是单向谈话的被动接受者,而是根据听到的内容进行交流互动。主持人的技巧、训练和对语言的驾驭,所有这些努力都是为了吸引听众,在广播大众媒体和听众之间建立亲密关系。道格拉斯认为,听众的社会化身份在"听的模式"和"全部节目内容"中被建构。对于那些广播伴随着成长起来的听众而言,他们能够收听并沉浸在广播新闻类节目、广播剧的叙事方式,或者昔日流行音乐营造的怀旧氛围中。这些听众也能够从广播中的一些"非常规言论"中获得愉悦感,这些言论可能是 DJ 越界的话语,也可能是脱口秀节目中言辞激烈的长篇演讲;所有这些都被道格拉斯称为"听觉叛逆前沿的通路"(1999:27)。

广播热线电话节目充分体现了听众的参与感,哪怕那些听众自己并没有打入电话。无论语言类广播还是音乐类广播,热线电话都已经成为具有普遍性的节目要素。近几年电子邮件和手机短信,以及移动电话的潜在力量,使得那些接近新闻事件或体育比赛现场的听众可以直接打入电话(参见"热线电话节目"词条)。热线电话吸引听众可能具有两方面的原因:一是如同卷入一场私人对话的"窥视"(听觉"窥视")之乐趣,特别是当广播节目中充斥情绪性的表达、体现争论性或者出现十分搞笑内容的时候;二是我们有想打入热线电话的潜在冲动:

> 不可否认,热线电话是广播节目中少数几种允许听众参与广播互动的形式之一,广播节目的绝大多数听众也很满意保持着听众的角色而不是电话参与者的角色。因此,可以更准确地说,对于收听热线电话节目的大多数听众来说,这种节目类型体现了听众拥有可以直接投入节目中的可能性和潜力。(Shingler and Wieringa,1998:114)

对于听众如何收听广播,前人已经从理论层面做出很多论述,道格拉斯对于收听广播的外在简单行为做出了最充分和最实用的论述(Douglas,1999)。她对"收听"(hear)与"倾听"(listen)做出了重要的区分:前者属于被动行为而后者属于主动参与行为。我们"收听"周围所有可以听到的声音而没有参与其中,但是当我们"倾听"时,我们会自觉投身到一种通常来说快乐和充满想象力的活动中。她为"倾听"这个神秘力量做出了大胆的定论,甚至追溯到文字产生之前和口语传播时期:

> 倾听行为与言说行为同时进行,这就使得听者进入一个小群体的交往行为中(阅读行为是朝向阅读个体的),口语传播培养起很强的集体感。人们听到日常的声音或相同的音乐,会在同一时刻做出相应的某种行动和反应。他们形成了一个共同体——听众——无论他们是否认同或喜欢所听到的声音,他们都因这一共有的体验而具有一致性。(Douglas,1999:29)

虽然并不是每个人都认同广播的凝聚力量可以追溯到文字产生之前的口语时代,但它仍不失为一种吸引人的观点,类似的观点也出现在其他人的论述中。听觉与视觉相比,有自己特殊和与众不同之处,这一观点在有关广播和听觉文化的著作中经常被提及。比如,克拉森(Classen)认为,在西方文化中人们的观念是在文化意义上被构建起来的,所以视觉具有客观性,往往与科学联系在一起(Tacchi,2003:288)。在西方,视觉与科学理解和物体的外在形态认识密切相关,然而听觉与内在的知识和深度理解相等同。基于这些观点,塔基(Tacchi,2003)认为,对于听众而言广播具有唤起怀旧情感的能力,"怀旧"是对某种刺激在情感、身体上的反应,广播声音传播充当了这种刺激源。

许多作者都在关于广播的著作中谈到,收听广播具有一些矛盾性特征,这些"矛盾性特征"是广播成功的秘密所在。在道格拉斯看来,广播既具有公共性又具有私人性。关于某些电台怀旧品质的讨论,它唤起过去的能力,往往与强烈的个人情感、分享和集体记忆的治愈感结合有关。我们"成了自我的旁观者"但同时又"进入自身更深层的思想内"(Douglas,1999:22)。另一个悖论是电台以想象中的社区的方式建构国家统一体,同时有潜力庆祝

"一种亚文化差异的共谋意识"。瑞斯应该相信广播为建构国家统一体作出了贡献;乔治五世在英帝国展览会开幕式上的讲话,是国王的声音第一次通过广播被传播,瑞斯评论这次广播产生了"让整个国家凝聚成一个人"的效果(Scannell and Cardiff,1991:7)。但广播也对非主流文化的形成产生了巨大的作用,20世纪五六十年代青年文化的出现,很大程度上归因于DJ主持的流行音乐广播节目。

任何对广播听众发展的综合性论述都不可避免地会描述一段广播的生存奋斗史,会涉及听觉技术的沿革、主持人的播音技巧以及作为文化和媒体变革反映的收听模式。从1927年开始,即美国广播法案和英国BBC公共广播建立的那一年,广播就逐渐拥有众多听众,且今天广播的很多特点都是在那一时期形成的。如果我们逐渐被发展的社会推动、接受了各种各样的收听风格是一种客观事实的话,(正如道格拉斯对20世纪五六十年代青年听众的生动描述一样),那么今天这还能成为对未来广播听众担心的一个理由吗?

❷ 思考问题

1. 请从听众的角度,分析为什么广播具有"既具有公共性,又具有私人性"的矛盾性特征。
2. 试分析不同历史时期广播听众收听广播内在需求的变化。

➲ 延伸阅读

Shingler, M. and Wieringa, C. (1998) *On Air: Methods and Meaning of Radio*. London: Arnold.

Loviglio, J. (2005) *Radio's Intimate Public: Network Broadcasting and Mass-Mediated Democracy*. Minneapolis, MN: University of Minnesota Press.

Tacchi, J. (2003) 'Nostalgia and radio sound', in M. Bull and L. Back (eds), *The Auditory Culture Reader*. Oxford: Berg. pp. 281-95.

非视觉化
Blindness

> 一个有争议的术语,用来描述广播中缺少视觉图像。

> 让每一个广播从业者和听众印象深刻的是,广播的重要特征是其作为非视觉化的媒介。(Crisell,1994:3)

上述文字,是克里斯尔具有开创性的著作《理解广播》中的开篇文字,该书于 1986 年首次出版。克里斯尔对广播的特点进行了分析,对广播非视觉化的特点做了回答,也提出了旨在使这一广播媒体本质上的缺陷变成优势的弥补措施。我们有必要花一些时间来审视克里斯尔的观点,这一观点也引发了相当多的争论。

克里斯尔认为,我们可以将广播视为一种不同的传播类型。人际传播,比如两个人在街上交谈,既有口语传播又有视觉传播。这个对话过程不仅包括有声语言,而且包括面部表情、肢体语言和其他传播符号,以及发生在共同的场所和语境下。此外,对话的参与者会提供反馈、提出问题,从而增强传播效果。这种传播类型与大众传播相比,显然大众传播更加非个体化,在传播过程中缺乏反馈(或者说反馈很少),所传播的信息也有特定的语境来强化其内容。同为大众传播媒介,电视能够借助视觉画面来解决其中的某些问题,可以不用文字就能解释语境,也可以传达自身的意义。然而,广播只能借助听觉"符号"——语言、音乐、音响和静默(参见"广播符号"词条):

广播传播效果模棱两可或无效传播的风险是很高的,所以各类广播节目都会下很大功夫来克服媒介自身的局限性,构建我们平日熟悉的各种不同语境。(Crisell,1994:5)

克里斯尔认为,广播之所以被认定需要弥补其视觉缺陷,其中一个原因是某种刻板的"感觉等级观",即视觉最重要而听觉其次。此外,听觉也会导致理解混淆,"耳朵并不是我们所有感官中'理解能力'最强的"(Crisell,1994:15)。

根据克里斯尔的观点,广播弥补其非视觉化的方法是使用"指示词"(signpost)和"框架"(framing):既有对正在发生和将要发生事件的持续报道,也有可以分辨广播电台或节目开始和结束的标识,或不同节目风格和不同类型的音乐以及其他种类的音响等。但在克里斯尔看来,非视觉化也赋予了广播特有的优势。听众需要运用听觉联想来融入广播节目,从而使主持人和听众之间建立友谊或亲密感。广播非视觉化的另一个伴生效果是其制作成本低廉,可以刺激更多节目的制作。广播具有便携性特征,也不同于视觉媒介那样在接收中需要强调视觉注意力:广播属于"伴随性"媒介,听众可以在做其他事情的同时收听节目。

克里斯尔这样一种关于广播缺陷的鲜明观点,加之认为所有广播的其他特性都是伴随着"非视觉化"这一特征而来的观点,实际上招致了一些人的反对,特别是遭到了英国广播学界和广播制作人的反对,这在英国不足为怪。在为广播非视觉化缺陷辩护声中,最值得注意的是克鲁克(Crook)广播剧著作中一个名为"广播剧不是非视觉化的节目"(1999:53-70)的章节。克鲁克首先批评了感官等级的概念,以此来反击广播"非视觉化"(或"不可见")的说法。建立这种感官体验等级制度的想法"从本质上来说令人沮丧"。他认为视觉和想象之间的区别还没有定论,"用眼观察事物和用心观察事物之间的哲学差异在哪里呢?"(1999:54)可以说克鲁克论点中最有说服力的部分是他认为广播能够刺激想象,即广播不仅刺激了粗糙的视觉表象,而且刺激了各种情绪和感觉。这些经常被我们的视觉和经验记忆所增强,他引用了英国广播广告局(UK Radio Advertising Bureau)的一份报告来支持他的观点,"心灵的剧场是一个情感剧场,情感是充斥在戏剧中的普遍状态,混合着情绪、记忆和想象"(1999:61)。英国广播制作人兼导演唐纳德·麦克威尼(Donald McWhinnie)也提出了类似的观点:

> 广播剧没有基于舞台表演的视觉形象刺激;对于广播而言,这些是狭隘和徒劳的。由形状、细节、情感和思想建构的戏剧世界,不受空间和现实表演能力的限制。(转引自 Crook,1999:66)

对于广播剧,克鲁克认为想象力确实可以创造出与通常看到的电视和电影中的场景相关的"场景",非视觉化的观点则是"在理性分析和哲学上都站不住脚的"。

辛格勒和维瑞嘉从不同的角度切入提出对这个问题的看法,但仍对广播非视觉化的观点采取了批评的态度,他们针对"非视觉化"这个词中所包含的有关"缺陷"的含义提出了异议(1998:74)。他们质疑克里斯尔和其他人为什么用"盲"(blind)来形容广播而不用"不可视"(invisible)。"不可视"暗含了广播所具有的神秘力量和魔力,而"盲"则带有明显的贬义。视觉艺术、小说家和文学评论家都不会受到这种基于感官缺陷的困扰,我们不会批评小说没有画面、绘画没有声音。比其他学者更进一步,辛格勒和维瑞嘉认为广播属于"视觉媒介",这是因为广播刺激了想象,特别是在广播剧中,听众的互动参与过程促使节目传播最终完成。他们也同意克里斯尔的观点,即广播缺乏画面迫使广播剧制作人注意控制叙述的复杂性和角色数量以避免听众理解上的困难。

克里斯尔倡导的"非视觉化议题"如果摆脱日常的广播生产和消费,可能会被看作一种实际意义不大的哲学上的讨论。但这场辩论有一个强大的潜台词,试图探究广播的独特属性,特别是广播被认定的特征和优势,克里斯尔花更多的时间讨论这些,而不是批评广播媒体基于介质本身的优劣。克里斯尔和辛格勒、维瑞嘉均认同:缺乏视觉图像(无论我们如何描述这一点)会产生某些特殊的优势,这在某种程度上解释了为什么广播在电视出现后依然存在。广播的"伴随性"(secondariness)地位意味着听众在收听广播的同时,还能轻松从事其他活动(工作、开车等)。更重要的是,电台 DJ 和其他主持人直接与听众对话,听起来比电视主持人更具真实可信性,因为广播主持人"不受媒体产品价值的具象结构和人为要素的影响"(Shingler and Wieringa,1998:80)。这一见解得到了所有参与讨论者的认同,我们无法看到广播主持人(连同他们洁白的牙齿和精心打理的发型),而这才是听众与主持人有可能形成亲密关系的核心所在。许多人都说,广播主持人形象的非具象化使他们显得"普通、日常、平易近人和自然:事实上更像我们自己"。

我们也想找到一种不同于克里斯尔观点的表达,简化派(将所有关于广播的认识归结到一个关键性的缺陷)和本质派(将广播看作拥有一种既定义,又破坏它的本质)看起来体现了不同的认识。过去,社会学家提出过警告,不能用一个明显的特征来定义某人,例如"黑人""基督教徒""男性""年轻"等,并不能以这个单一特点来定义或者局限对人的认识。也许广播是"非视觉化"的,但这仅仅是它许多特点中的一个,并且"盲"这个词的使用含有"明显"认为广播具有缺陷的意味。在某些情况下"非视觉化"很明显具有劣势,但如果认为所有广播类型都会为其所限的话,那么就等于承认了视觉文化具有不可撼动的统治地位。

为了得到更加实质性和学术性的讨论,我们要把目光转向广播理论与广播史的伟大"诗人"——道格拉斯。她指出只听不看是很有"魔力"(这个词也被克鲁克使用过)的。听觉,听演讲和听音乐,是全世界文化发展的驱动力:

> 我的意思不是说听鲁迪·瓦利(Rudy Vallee)或凯西·卡塞姆(Casey Kasem)的节目如同宗教演讲(尽管或多或少有这种感觉)。我是想谈论媒介本身,以及接收设备能够收到相当遥远的频谱所传递的声音,不费吹灰之力地将其带到我们面前,通过电波将我们与其他看不到的听众联系在一起。电波是看不到的,来自广阔的天空,携带着抽象的声音,将信号发射至深邃的宇宙,将我们以一种更大、更神秘的顺序联系起来。(Douglas,1999:41)

这种对广播奇迹和魔力的颂扬，与克里斯尔对广播"忧思"式的剖析相距甚远。这是一场重要的辩论，将英国的实用主义、现实主义与美国的怀旧情怀、浪漫主义进行了对比。

思考问题

1. 为什么"非视觉化"被看作广播媒体最重要的核心概念之一？
2. 请辩证谈谈"非视觉化"作为广播的特点，有何优势和劣势。
3. 为什么"非视觉化"是一个有争议的术语？
4. 你怎么看待"感觉等级观"？

延伸阅读

Crisell, A. (1994) *Understanding Radio*, 2nd edn. London: Routledge.

Shingler, M. and Wieringa, C. (1998) *On Air: Methods and Meaning of Radio*. London: Arnold.

Crook, T. (1999) *Radio Drama: Theory and Practice*. London: Routledge.

广播符号
Codes

> 广播符号是指广播传播中可辨识的声音种类,包括话语、音乐、噪音和静默。

在《理解广播》一书中,克里斯尔运用符号学的观点和概念,即对各种符号的研究,解释了广播如何产生意义。事实上,将符号学应用于广播研究并不是很流行,而且广播符号学的理论也不是很成熟。当然,围绕广播符号概念的争论也一直在持续。

在广播中听到的声音可以被归类为单独的元素,比如说出的一个字、一个音符、一声咳嗽和风吹过的声音等。这些"声音符号"可以被归类为通常所说的广播"符号":话语、音乐、噪声和静默。不同的符号以不同的方式承载着不同意义的传播模式。我们首先来看一个非广播符号的案例,或许对理解有帮助:莫尔斯电码用不同长短音组合来表示字母表中的字母从而进行通信。1901年,著名的广播先驱古格里莫·马可尼(Guglielmo Marconi)用莫尔斯电码(Morse code)把字母"S"发送到大西洋对岸(Street,2002:14)。电码中的"点点点"(…)代表了字母S,也就是S的代码符号。所有的字母都有属于自己的代码符号,接收者所收到的代码需要根据既有的规则进行"翻译"。当然意思的准确度会因符号的不同而不同。广播中语言符号的含义比较明确,当气象预报员说"今天有雨"时听众会明白其中的含义。然而,其他广播符号就不是这么精准了,并带有一点儿模糊性,比如从广播中传出猫头鹰的叫声,就会有不同的意思:夜晚、大自然、不祥之兆等。此外,声音符号也会因听众的不同身份而产生不同的理解,这一点在音乐中尤为明显。

20世纪60年代鲍勃·迪伦（Bob Dylan）的一首早期歌曲,对于最早听过此歌的人（比如代表那个时代的"和平与爱"文化）和今天的青少年来说,意味完全不同。

虽然不同的广播符号编码透明度各不相同,但它们都对唯一的声音媒介作出了重要贡献：

> 如果没有话语,广播将处于严重的不利地位,表达变得模糊、含糊,甚至毫无意义。然而,如果没有音响和音乐,广播将缺乏深度和细节,听起来枯燥、单调和不真实。（Shingler and Wieringa, 1998：51）

从这段话中我们可以看出,广播各类符号并不是同等重要的。事实上,在英国出版的所有关于广播研究的著作中,话语（或语言）都被称为广播的基本符号。这一观点最早是由克里斯尔提出的,"似乎有理由认为……广播的主要符号是与语言学相关的,因为所有其他符号都需要使用文字或者话语来做上下文解释参照"（Crisell,1994：54）。辛格勒和维瑞嘉对此论断则稍显谨慎,"语言也许是广播的主要符号"（1998：51）。亨迪指出,"谈话经常被描述为广播的'基础符号',将其他所有音响融入某种语境中"（2000：155）。克里斯尔是其论点的坚定支持者,他认为语言是形成广播意义的最主要的来源,相比之下,音乐几乎不含有任何意义,正如他所说,"音乐中几乎没有意义"（1994：49）。

但是如果过于强调话语是广播的主要符号,则很可能会出现一些问题,人们会认为语言类广播在一定程度上比音乐广播更重要,抑或在音乐广播中重要的部分是话语和 DJ 的表演而不是音乐本身（这种观点已经由只有 DJ 谈话而没有音乐的播客的流行而得到强化）。毫无疑问,大部分关于广播的著作,只要包含广播研究就会涉及语言类广播节目（比如广播剧、广播纪录片和特写、新闻、喜剧、热线电话节目）。保罗·隆（Paul Long）指出,即使是在论述音乐广播时,音乐也会被忽视（2006：28）。不仅广播被视为"伴随性媒介",就连音乐也被降低至语言之下。布兰德（Brand）和斯坎内尔（1991）

曾对伦敦广播电台 DJ 托尼·布莱克本的节目进行了具有深刻影响的分析，保罗·隆以此为例指出，其关注的焦点在于布莱克本如何借助语言制造一种独特的"话语世界"，而并没有涉及音乐播放和音乐对节目意义的传播所发挥的作用。保罗·隆提出异议，认为在英国最特立独行的标志性 DJ 约翰·皮尔的节目中音乐是最重要的：

> 约翰·皮尔的身份和价值的决定性特征在于，他把音乐作为他的音乐广播形式的主要符号代码，这一十分激进的做法建立在：他认为音乐对他的存在和对他的听众而言都居于核心地位。(2006:35)

可能有人会说，克里斯尔和其他人并不是说广播音乐不重要，而是说音乐需要言语来将其语境化。换句话说，没有任何话语的广播音乐根本算不上广播，这一观点对于理解 iPod® 等便携式"点播音乐"播放器与传统 DJ 主导的音乐广播之间的区别非常重要。

❓ 思考问题

1. 试分析广播各类符号在不同广播节目中的不同作用。
2. 为什么有学者认为广播话语符号是广播的基本符号？你有什么不同观点？为什么？

➡ 延伸阅读

Crisell, A. (1994) Understanding Radio, 2nd edn. London: Routledge.

Long, P. (2006) 'The primary code: the meaning of John Peel, radio and popular music', *The Radio Journal: International Studies in Broadcast and Audio Media*, 4 (1-3): 25-48.

共在
Co-presence

> "共在"指的是收听广播是一种社交活动,收听行为就像主持人与听众"共在"一起。

本书的目的之一是让读者了解广播——这个我们生活中既不起眼又很普通的媒体伴随物,并尝试解读、剖析广播的本质及其收听意义。听广播这个看似简单的行为却包含着由广播人努力促成的内涵,但这个内涵又不太明显,准确地说根本就不明显。广播的一个最基本情况是,我们在听广播的时候其他人也在收听,这是值得深入研究的,本书中其他概念也与这一事实息息相关,诸如"现场感"和"亲密感"。

"共在"是收听广播行为中共同分享的一种体验,是广播研究中最有影响也是最重要的概念之一。对于这个概念的研究,有助于我们理解这种体验的特殊属性、广播媒体的特有优势及其持续吸引力之所在。为了理解这一概念,我们有必要回顾英国广播研究的开端,特别是广播研究的先驱之一、具有重大贡献的斯坎内尔对这个学科的研究成果。在《广播电视与现代生活》(*Radio Television and Modern Life*,1996)一书中,他的观点受到了德国哲学家和现象学家马丁·海德格尔(Martin Heidegger)的影响。现象学哲学强调的是"现象的本质":不仅研究人是什么,也研究生活在世界上的种种体验。斯坎内尔试图将海德格尔的思想运用于当代广播媒介及其对日常生活影响的研究中。这项研究得出的主要观点之一是,在同一时刻共同收听或收看的分享体验,以及一种他人和自己共同进行这项活动的共在感觉。

在亨迪(曾经是斯坎内尔在威斯敏斯特大学的同事)对广播收听体验的

论述中,他将时间、亲切感和"社交性"(或"共在")的概念整合了起来。所有形式的广播都体现了每天的"时间性"。就音乐广播而言,把节目标为"早餐"时段或"驾车"时段,就很好地说明了这一点。借助广播和时间相关联的成熟研究理论(Williams,1974;Ellis,1982),亨迪研究了听众一起度过一天的共同经历,"我们生活的时间与其他听众生活的时间之间因为我们所同时听到的节目而产生了实质上密切的关联"(2000:184)。这种以时间为基础的社交经验也具有亲密性的特点,即广播及其听众之间存在相当亲密的关系,"时间……和熟悉度不断增加,这是广播亲密感不断形成的基础之一,不仅仅是亲密感,社交性也是如此"(2000:184)。所以当我们清晨打开收音机伴随着喜欢的 DJ 或主持人的声音醒来的那一时刻,正和其他成千上万的听众共同分享着广播带给我们的亲密感,从而与其他听众一起体会着"存在于同一世界"(being-in-world,借用了海德格尔的表达方式)的社会性"共在"。

对广播社交性的关注不仅仅局限于英国。美国学者道格拉斯也谈到了共在,这是很有意义的。但是,她并没有借用德国哲学家的观点,而是在题目有些特别的"听的佛学"一章中,引用了"想象的共同体"的概念和本尼迪克·安德森(Benedict Anderson)的研究成果(参见"想象的共同体"词条)。安德森热衷于对19世纪末民族主义兴起的研究,以及民族主义引发的巨大激情的悖论,包括愿意为一个国家而死,尽管这个国家只是一个理念,一个"想象"的实体。此外,国家往往因阶级和经济不平等而分化,因此民族主义情绪不仅要克服地理概念上的空间的共存,还要面对社会不同组成部分的差异。这些都是由公民的想象来完成的。安德森引用史学例子指出这种想象在一定程度上是由阅读报纸激发的:

> 我们知道,晨报和晚报只能在早上或者晚上特定的几个小时内消费,而且就在这一天,而不是隔日。这种大众仪式性的意义是有点矛盾的——黑格尔指出,报纸就像现代人晨祷的替代品。这一过程是在平静的、私人化的大脑深处完成的。然而,每个"领受者"都清楚地知道,他所进行的这个"仪式"成千上万的人(或数百万人)也在同时进行着,他对这一点很确信,但对他们的身份却一

无所知。(Anderson,1993:35)

道格拉斯等广播学者,能够从上面一段关于报纸阅读的论述中体察到与广播收听情况的共鸣,让人一点儿也不感到意外。安德森所描述的报纸阅读情况类似广播的"现场感"和广播收听中的共在。阅读报纸时的"宁静的私密性"让人很容易联想到收听广播时的"亲密感"。道格拉斯关于20世纪美国广播的论述中,有很大篇幅都是关于不同历史时期不同听众的集体收听体验;20世纪30年代的棒球听众和50年代摇滚乐广播的青年听众,通过分享体验、共在,与电台播音员和主持人一起,建构起想象的社群。

共在并不是广播偶然的附属效果,它是广播媒体成功的决定性特征和重要组成部分,因此常常被加以强调突出。对于音乐广播而言更是如此。传统经验上,DJ不仅要与听众建构"远距离的亲密关系",也要在听众中建构身份认同和分享收听体验。很明显,DJ热衷于绑定听众并促使听众能够定期收听节目。让我们再看一下亲密感、现场感和共在之间的关系:DJ使用"我""你""我们""我们的"等来营造友好的、亲密的感觉,使用"现在""这里""接下来"等强化现场感,其整体效果就是营造一种共同体的感觉,一种围绕DJ建构起的私密/公开的世界。布兰德和斯坎内尔(1991)对英国DJ托尼·布莱克本的论述指出,DJ通过与听众分享自己的往事、思想和情感,营造出一种独属于广播粉丝这一特定群体的感觉。

DJ主持风格的一个最有趣的发展是"动物园广播"(zoo radio)①风格的形成。在英国,动物园广播节目模式于20世纪90年代出现,其出现与BBC广播1台的DJ克里斯·埃文斯有密切的关系。这类风格的节目由一个主持人组成,同时有一个或更多嘉宾参与,其风格使人联想到美国脱口秀节目中的"惊人杂谈类节目主持人",也让人想到英国"青年电视"(youth television)无政府主义的感觉(Tolson,2006:114)。但是动物园广播模式并没有取代传统的电台风格,他们的共同特征是都致力于将听众和主持人团结在一个由

---

① "动物园广播节目"是英语广播中常见的晨间广播节目,由两个或者两个以上的主持人进行非正式的谈话。这个名字取自"古怪和滑稽"的活动、音乐口味、节目和主持人的整体个性特点。——译者注

DJ 统治的"话语王国"里(参见"DJ 和主持人"词条)。托尔森通过分析克里斯·埃文斯一档节目的文字记录,向我们展示了他如何构建其听众社群:

> "现在是 8 点 05 分,也就是 1996 年 4 月 26 日星期五早上 8 点 05 分。这是我们在这里四个礼拜的最后一天(演播室:欢呼),我们也要离开四个礼拜(演播室:再见),还有一天我们就要去梅恩大街(Maine Road)观看绿洲乐队(Oasis)的表演了,来吧,加入我们的队伍,如果你不来的话你真的没有其他地方可去,你的周末将变得非常空虚,你应该买上票,应该在周日和周六到绿洲乐队具有世纪性意义的演出现场。将和我一起的有:钱德勒第六中学即将到伊普斯威奇大专就读的巴德、内尔·哈维斯、亚当·怀特利和林赛·布朗,以及来自白金汉郡的吉姆和尼克……"(2006:117)

这段话中有几点值得讨论。听众的社交性和共在不断加强。听众有时候被统一称呼,有时候被单独点名,这有助于增强他们属于一个俱乐部或一个朋友群体的归属感。这里描述的是一个"想象的社区",但它在地理空间上是分散的,在著名的"英国摇滚"绿洲乐队的现象背后是独特的国家(英国)身份认同。我们还要指出埃文斯对时间的强调,以加强节目的现场感和主持人与听众间此时此刻的共在。

我们需要将广播对社群和共在的强调置于历史的语境中考虑:从原初意义上的广播到最近数字音频内容对什么是广播直播的挑战。20 世纪 30 年代,英国和美国共同见证了广播作为家庭必需品的崛起,之后不久广播暂时没有受到来自电视的挑战,因为电视在二战后才开始逐渐取代广播占据支配地位。特别是在英国,随着旧式工人阶级的瓦解和人口向郊区的流动,广播的流行程度得到持续增长。地理位置的迁移和社会流动性促进了家庭私人化的活动开展,他们发现在城市酒吧和俱乐部的娱乐活动减少了,而在郊区住宅里的私密和舒适的活动增多了。如广播和其他一些人所声明的,广播能够创造想象中的社区,是与历史事实分不开的。历史上,当"真实的"地缘性社区被破坏时,同一时期的广播收听率就会提升。

无论广播听众是否真正与其他听众和主持人存在某种共在，这种讨论仍属于比较具有学术色彩的课题。但是如果共在及其相关的亲密感和现场感等特点确实是广播的特殊属性和广播成功的要素的话，那么这将对广播的未来发展具有深远的意义。便携式 MP3 播放器被发明后，其能够播放大量音乐的能力已经被视为商业广播电台和其他广播节目形式的潜在威胁。但无论这些提前录制的音乐有多大的选择权、多方便和时髦，它们仍然缺少本书中所提到的共在、现场感和亲密感的特点。但是数字媒体可能会因此损害这种集体的消费形式，即想象中的共同体所带来的愉悦，也可能会损害现场收听体验，使其成为一件无关紧要的事情。

思考问题

1. 为什么"共在"是广播研究中最有影响力也是最重要的概念之一？
2. 谈谈现象学对于广播研究的贡献。

延伸阅读

Hendy, D. (2000) *Radio in the Global Age*. London: Polity Press. pp. 149-55, 184-5.

Scannell, P. (1996) *Radio, Television and Modern Life*. Oxford: Blackwell. pp. 22-58.

Hilmes, M. (1997) *Radio Voices: American Broadcasting, 1922 – 1952*. Minneapolis, MN: University of Minnesota Press. pp. 11-23.

Tolson, A. (2006) *Media Talk: Spoken Discourse on TV and Radio*. Edinburgh: Edinburgh University Press. pp. 113-29.

热媒介与冷媒介
Hot and Cool Media

> "热"媒介与"冷"媒介这对概念与马歇尔·麦克卢汉(Marshall McLuhan)有着密切的联系,指的是不同媒体中可获得的信息量不同。

加拿大理论学家马歇尔·麦克卢汉(1911—1980)是20世纪最具争议也是最为打破传统的思想家之一。在他对媒介的研究中,有许多名言经常为后人所引用,"媒介即讯息""地球村"就是其中的经典词句。尽管麦克卢汉著有大量关于大众传媒的作品,但他的读者并不像罗兰·巴特(Roland Barthes)、皮埃尔·布迪厄(Pierre Bourdieu)和让·鲍德里亚(Jean Baudrillard)那样多。这种相对的忽视可能是因为他的作品晦涩难懂,涉及面广,其中包括各种纷繁复杂的历史、文学和科学要素。美国学者乔治·艾略特(George P. Elliott)表达了许多读者在尝试理解麦克卢汉时所遭遇的挫折感:

> 对麦克卢汉的思想做一个理性的总结是不可能的,原因有两个:他写作的态度和语气至少和思想本身一样重要,而对这些思想进行系统化梳理,即使只是概述,也会改变其本质和影响。他的作品表达故意反逻辑:循环、重复、不受限制、精辟、惊人。(转引自Stearn,1968:89)

然而,麦克卢汉的作品包含了一些对媒体及其与社会的关系极其重要和发人深省的见解,特别是对广播的性质方面。此外,麦克卢汉还促使媒体研究成为一个严肃的学术课题,他是媒体研究早期奠基性的学者之一。

麦克卢汉的早期研究强调了传播媒介几个不同的发展阶段。他将文字出现之前的时期形容为"听觉空间时代",这一时期语言是最主要的媒介。在"部落"中人们之间的关系比现代社会更私密和亲近,这种特质随着印刷时代的到来和视觉图像重要性的提升而消失。随着读写能力的发展,印刷与线性、逻辑思维得以关联,这一现象的出现对未来产生了深远的文化影响。这一论点的重要之处在于,麦克卢汉强调传播媒介的变化对个人及其对周围世界的认识所产生的影响。在麦克卢汉看来,媒介(印刷物、语言、广播等)是人类中枢神经系统的延伸。随着这些媒介的进化,它们从根本上改变了我们对世界的感知手段和与他人的交往方式。这也使麦克卢汉成为技术决定论者,他认为媒介的技术特性从根本上决定了它们对社会的影响力。这也有助于解释他那难解的论点——"媒介即讯息",也许他要表达的是传播内容比传播方式影响更小。这一观点将在本词条的最后部分进行详细分析。

如果我们审视麦克卢汉洞悉广播的思想观点,会发现其中最突出的是"冷媒介与热媒介"理论。热媒介是"高清晰度"的,换句话说,它包含了如此多的信息,以至于接收者没有解释的必要。因此,热媒介不需接收者的参与,是排斥受众的。相反,冷媒介给予受众较少的信息量,所以需要我们付出更多努力加以阐明后再理解,这意味着,当我们更积极地与它们接触时,它们更具有包容性。对于媒介专业的学生来说,这并不是一个陌生的话题,受众主动性和被动性的课题已经被广泛讨论。然而,在麦克卢汉的案例中,他为不同媒介所打上的分类标签有点复杂,令人困惑:

热媒介	冷媒介
广播	电话
印刷媒介	语言
图片	动画片
电影	电视
演讲	讨论会。(Terrence Gordon,1997:201)

如果我们暂时忽略广播,将"演讲"定义为热媒介显然很好理解,而"讨

论会"因参与程度更高,信息量更少,因此被定义为冷媒介。同理,照片包含了很多细节因此是热媒介,而观看动画片的同时需要观众做出积极的反应,所以属于冷媒介。但是,对于电视和广播的归类却让人感到困惑。正如亨迪所说,"他的分类现在看上去有些混乱"(2000:1)。今天,电视所接收到的信息具有高清晰的指向性(现在用来描述其视觉密度的术语),观众的反应是被动的;而广播则充满了话语修辞的"冷"状态。广播研究的正统观点认为,广播是一种典型的"冷媒介",它所提供的信息有限,需要听众积极解释和参与到广播音频内容中来(Crisell,1994;Shingler and Wieringa,1998)。

尽管麦克卢汉的研究成果中仍存有困惑和神秘感,但其观点的洞察力有助于我们对当代广播的理解,尽管现实与他当初的设想并不一致。毫无疑问,不同媒介要求不同的反馈方式,他的这种观点是很正确的,将媒介分为"冷"与"热"的做法也很有吸引力且具有重大意义,尽管我们认为广播更应被归为冷媒介。"媒介即讯息"的观点也非常重要,对研究广播的学生具有启示性。在这一论断中,麦克卢汉当然低估了节目内容的重要性,但他认识到广播的非视觉特性和听觉特性很重要的想法是有用的。这种考虑问题的方法,即以收听经验和收听行为优先,在考虑广播内容之前先要考虑听众是什么样的,很重要,也很有用。

麦克卢汉的技术决定论同样引人深思。对他来说,电子媒体的兴起不仅改变了人们在闲暇时间做什么,也从根本上改变了人们感知和互动的性质。在这里,广播并不仅指内容,也作为个人化的延伸。考虑收听广播(或看电视、使用电脑、手机)作为一种行为活动,比考虑其所传播的内容更为有价值。正如巴塞特认为的,手机改变了我们对当下的体验,改变了我们与世界其他人的联系,我们永远在线随时等待联通(Bassett,2003:345)。手机即信息(用麦克卢汉的话来说),而不是手机中所说的话。手机,一个相对较新的发明,和早期的广播之间有着有趣的联系,我们借助通信工具与社区、国家甚至世界保持联系,这或许与传播内容一样重要。

❓ 思考问题

1. 请分析广播内容与广播技术之间的关系。
2. 为什么学者称麦克卢汉为"技术决定论者"?

➲ 延伸阅读

McLuhan, M. (1994) *Understanding Media: The Extensions of Man*. Boston, MA: MIT Press.

Hendy, D. (2000) *Radio in the Global Age*. London: Polity Press. p. 1.

Bassett, C. (2003) 'How many movements?', in M. Bull and L. Black (eds), *The Auditory Culture Reader*. Oxford: Berg. pp. 343-55.

想象的共同体
Imagined Community

> 想象的共同体指的是一种归属于特定群体(包括国家)的感觉,广播和其他媒介能够在听众中塑造这种归属感。

美国最重要的两本以广播为中心的文化史学研究书籍都大量借鉴了想象共同体的概念(Douglas,1999;Hilmes,1997)。类似地,英国广播史也经常提到广播与感觉自己作为一个更大社群的一部分的体验之间的关系(Hendy,2007;Scannell and Cardiff,1991)。尽管这一概念对广播产生了很大的影响,但是在本尼迪克特·安德森最初的论述中,这个概念和广播根本没有任何关系。在试图理解19世纪晚期出现的民族意识和主观的民族归属感体验的过程中,安德森研究了报纸的作用。他认为,尽管一个国家中经常存在社会、种族、语言和地理上的差异,但是每天阅读同一份报纸的经历却具有深刻的统一性(1983:35)。事实上,阅读全国性报纸的行为就像一个大众仪式,每一位参与者都知道还有成千上万的人在做同样的事情。虽然读报是一种安静的个人化行为,但仍可以达到构建想象共同体的效果。

正如我在"共在"词条中提到的,对于安德森针对报纸的分析,广播学者能在广播的收听体验中看到共鸣点,这丝毫不奇怪:

> ……成千上万的听众在特定的时段打开收音机收听一个特定的广播节目,这创造了一种对本尼迪克特·安德森的现代"想象共同体"概念至关重要的同一时刻的体验。(Hilmes,1997:11)

希姆斯在20世纪20年代早期引用了一位评论员的话,他描述了早期广播人的抱负,即"广播将团结一个分散的、不同的国家","比任何其他机构更能将相互理解传播到全国各地,统一我们的思想、理想和目标,使我们的人民强大而紧密团结"(Hilmes,1997:13)。不仅共同收听行为能够产生民族和其他身份认同,广播的内容也能够在共同的文化体验过程中将听众统一起来。在英国,BBC使用相当明确的等级术语来定义何为文化,突出强调经典音乐、有教育意义的专家谈话和大量宗教内容。在美国,虽然"民族文化"最初是用同样的"高雅文化"被定义的,但反映大众流行品位的压力也很大。

民族的概念和广播所形成的民族概念是不同的,主要原因在于它们的社会构成存在本质上的区别。战前英国是一个高度传统和等级化的社会,拥有国家宗教(英格兰教会)和广受尊重的君主制(Brendon,2000:356)。当时的BBC由君主制和热忱的福音派拥趸者约翰·瑞斯领导。早期BBC象征性地创造和强化国家认同的一个有趣方式是使用室外广播,其内容包括宗教活动、歌剧、戏剧、各种表演、舞曲、公众人物的演讲、典礼、事件报道和体育活动,其中体育内容包括足球、板球、赛马、网球和拳击等(Scannell and Cardiff,1991:278)。数量巨大的广播听众培育起英国的想象共同体,他们分享了相当丰富的高雅文化内容,伴之以轻松娱乐类节目、体育节目和大量庄严的宗教类节目。

当然,美国是一个不同的社会,其国家形象的身份认同也有所不同。20世纪初,一股"另类"浪潮席卷美国海岸(Hilmes,1997:25)。1890—1920年有3000万移民来到美国。美国本身就已存在深刻的种族差异,以欧洲人为主体的新移民再次增加了种族多样性。因此,美国广播在对国家身份认同的阐述中既承认美国黑人但又明确表明种族分界。在战前广播喜剧节目《阿莫斯和安迪》中,两个白人按照歌舞杂耍表演和街头艺人表演的传统把"面部涂黑"(参见"喜剧"词条),演员操着夸张的口音说混乱的英语。他们对现代都市世界的无知是这个经久不衰喜剧的一个重要组成部分。因此,早期的美国电台承认种族差异,但却使用了这种有贬损意味的、吟游艺人传统的刻板印象。爵士乐巨星路易斯·阿姆斯特朗(Louis Armstrong)也曾被要求在 1937 年的《黑人剧目》(*All Colored Program*)中出演一个简短的喜剧小品,并演奏音乐,当他拒绝游吟艺人的说话风格将其改为标准英语时,被贴上了"难于合作"的标签,他的节目也被取消了(Hilmes,1997:79)。因此,战前美国想象共同体反映的社会差异远远超过了 BBC,在媒体内容呈现上是以一种讽刺和贬低少数族裔的方式反映出来的。

道格拉斯的《倾听》(1999)一书的核心主题是,在广播比电视更加重要的年代,广播对美国人不断成长起来的国家形象产生过深远影响。与希尔姆斯一样,道格拉斯也承认这种"形象"的两面性,"20 世纪三四十年代广播在推动美国团结为一个民族的同时,也使种族、地理和性别的差异表现得更加突出"(1999:5)。她也指出当时存在过多的想象共同体:体育粉丝、摇滚和爵士乐粉丝。体育在创造国家团结和种族团结方面的力量是惊人的。20 世纪 30 年代,通过复杂的、系统的广播电台拳击锦标赛的转播,实现国家身份认同层面的一种建构,激发了一种听众在现实社会层面渴望团结为一个整体的尝试。在道格拉斯看来,广播对美国受众的影响力在于,使这些以精神层面为基础的社群建立成为可能,这得益于广播的"非视觉化"或者"不可见"特性。通过让听众来填补由于缺少影像而留下的鸿沟,广播抛给听众大量思考互动的空间,让他们学习作为美国人究竟意味着什么,无论是青少年还是成年人。

或许英国广播电台在听众心目中塑造国家形象最好的例子是 BBC 广播 4 台。以广大中产阶级和中年听众为目标,BBC 广播 4 台的语言类节目代表英国热忱的忠实听众为英格兰说话。亨迪描述了甚至那些为英国海岸附近海域的人们设计的《航行预测》(*Shipping Forecast*)节目,也对听众国家想象共同体的建构产生了巨大的影响,统一和强化了英国的国家理念:

> 在这里,它是一个属于岛屿国家的国家想象共同体。例如,大卫·钱德勒(David Chandler)在预告类节目中看到了一个"想象共同体的景观",其核心是一个浪漫化的大不列颠群岛。"对于我们这些安全上岸的人来说,会感受到那是来自'危险地带'的信息,那是来自极端和不确定的危险的外围世界的警告。"事实上,他建议,

外在世界越不稳定,就越会强调突出"家""国家"概念中的安全感、秩序感,甚至是天赐的被庇护的感觉。(Hendy,2000:384)

或许广播和想象共同体之间的关系在很大程度上具有很高的历史价值。事实上,在某些特定的情况下,广播确实有能力在听众中培育强烈的归属感和认同感,这一点是毋庸置疑的。

❓ 思考问题

1. 为什么英国广播电台在听众心中塑造国家形象最好的例子是BBC广播4台?
2. 试举一例,分析广播在国家想象共同体构建中的作用与影响。

➤ 延伸阅读

Anderson, B. (1983) *Imagined Communities*. London: Verso.

Douglas, S. (1999) *Listening in: Radio and American Imagination, from Amos 'n' Andy and Edward R. Murrow to Wolfman Jack and Howard Stern*. New York: Random House. pp. 22-5.

Hilmes, M. (1997) *Radio Voices: American Broadcasting, 1922 – 1952*. Minneapolis, MN: University of Minnesota Press. pp. 11-23.

Hendy, D. (2007) *Life on Air: A History of Radio Four*. Oxford: Oxford University Press. pp. 382-9.

亲密感
Intimacy

电台(或电台主持人)和听众之间存在的亲近感或熟悉感。

广播具有亲密感的观点在广播文献中已经司空见惯。克里斯尔谈及广播是"一个具有亲密感的媒体"(1994:11),辛格勒和维瑞嘉也指出"广播与其听众不寻常的亲密关系"(1998:114)。亨迪的立场略具批判性,他认可广播的"亲密感和友好感",但颇具讽刺意味的是,这种感觉可能会助长听众在现代世界中的"疏离感"(2000:150)。亲密感存在于各种风格的广播模式和广播节目类型中,当然也存在于广播剧收听体验中,存在于与电台 DJ 像朋友一样的对话体验中。

有多种因素可以促使亲密感的形成。首先,收听广播在很大程度上属于个人行为;其次,某些广播节目,特别是广播剧,需要听众调动他们的想象力从而进入某种精神的内部世界;再次,通常广播表达比较直接①;最后,主持人和 DJ 采用的"广播人设"通常是平易近人、友善温和的。

对一些评论人士来说,广播的亲密性是一个历史性的认识维度,并非广播媒体的本质特征,因为这是电视时代到来的威胁促使广播经过深思熟虑所采用的应对策略:

> 借助媒体与受众建立亲密关系的能力,无疑是广播作为大众

---

① 此处"广播表达比较直接"指的是广播中通常用"我""你"等代词进行表述,其比较点是学术论述中是不允许出现"我""你"这样的简单表达的,而是要进行科学的论证。此处的"直接"字面之后的意思是:广播的表达很日常化,具有日常化表达的随意性。——译者注

媒体诞生以来所获得的最重要的经验之一。随着电视的兴起,广播失去了家庭层面集体收听的受众,建立了来自众多个体的受众群。(Shingler and Wieringa,1998:115)

道格拉斯也提供了类似的历史视角,她讨论了这样一个事实:20 世纪50 年代,广播越来越倾向于建构人们的日常生活。他们在广播声中醒来,上班路上收听广播,用广播来区分上午和下午,广播也帮助他们入眠(1999:220)。这种随时相伴的亲密感因晶体管收音机的出现而得到加强,无论室内还是户外,收音机的便携性都很强。这也导致了广播"收听内容"的变化,特别是音乐电台,常与个人情绪相一致,因此创造了"更私人化、个人化的收听方式"(Douglas,1999:221)。

电台 DJ 比任何其他人都善于开发广播亲密性的潜力。从 20 世纪 50 年代开始,电台 DJ 通过诸如自由切换"你和我"的称谓等方式来创造亲密关系,特别强调亲近感和熟悉感(Douglas,1999:230)。他们在节目中与特定地理位置的听众打招呼("所有新泽西的听众朋友们"),他们与"恋爱中的人"或"今天过生日的听众朋友"建立联系。对电台 DJ 节目的研究表明,他们是通过各种技巧来建立这种亲密关系的。DJ 创造了一个电台"角色",一个为电台创造的特殊的表演个性,邀约听众进入节目特殊的包容性(或者可能是排他性)世界中。电台 DJ 使用日常对话语气、熟悉感和他们自己的人设来"模仿共在"或"与你相伴"(Montgomery,1986:428)。

布兰德和斯坎内尔使用"话语世界"来形容由托尼·布莱克本构建的规则约束世界(1991:204)。这是一个"广播的世界",正如我在本书的其他章节提及的,所有打入热线电话和收听节目的听众,成为这个亲密空间中的一部分,他们觉得自己属于这里。这种亲密感的建立来自 DJ 表现出的日常化"平凡"属性,让听众感受到这一时刻他们与充当深富魅力的音乐和名人世界"经纪人"的 DJ 以某种情感纽带联系在一起了(Crisell,1994:69)。

有些电台甚至在创造亲密关系方面走得更远,最著名的是"烦心事谈话"(trouble talk)节目。20 世纪90 年代,安娜·雷伯恩在英国国家广播电台的广播脱口秀主持的现场直播热线电话节目,是一个很好的案例。她的人设是展现"平凡"性,她把自己塑造成与她的听众和打热线电话的人一样,容易犯错、脆弱、厌世(Atkinson and Moores,2003)。在与听众就个人问题"聊天"的过程中,雷伯恩使用了各种"类社交沟通"技巧,换句话说,这种技巧是营造面对面互动时的亲密性(真诚、专注、共情、关心等),但事实上这些是借助电波传播给大众的。

此外,听众和电台之间亲密联系的另一个方面是一些收听行为的怀旧特性,尤其是在音乐类节目的收听中。以老年人为目标听众播放过去流行音乐的电台,试图挖掘人们听到已逝青年时代声音时的情感反应。在对广播怀旧之情的研究中,塔基发现这种类型的倾听可以作为对抗现实世界的缓冲区:

> ……广播声音,以及它所带来的怀旧行为,可以被看作广播创造了一种与过去或遥远的记忆和遥远地方的某种联系,也可以被看作一种对现实的抵抗。现实中这种联系被打碎了,人们常常经历着孤独和寂寞。(Tacchi,2003:291)

也许还有许多其他类型的广播节目,能建构起不同寻常的亲近关系,也就是通常所说的亲密关系。从根本上说,这在很大程度上归功于广播的非视觉化特性,这一特性使得它完全在听众的脑海中被体验,而不是在屏幕上被具象化。

❓ 思考问题

1. 为什么广播的亲密感是一个历史性的认识维度?
2. 请结合具体的广播节目,解释广播的"亲密感"是如何建立起来的。

➡ 延伸阅读

Shingler, M. and Wieringa, C. (1998) *On Air: Methods and Meaning of Radio.*

London：Arnold. pp. 114-7.

Douglas, S. (1999) *Listening in：Radio and American Imagination, from Amos 'n' Andy and Edward R. Murrow to Wolfman Jack and Howard Stern*. New York：Random House. pp. 229-33.

Arkinson, K. and Moores, S. (2003) ' "We shall have bad days". Attending to face in broadcast troubles talk', *The Radio Journal：International Studies in Broadcast and Audio Media*, 1 (2)：129-46.

现场感
Liveness

> 大部分广播播出内容的性质在于传达一种直播的感觉,无论实际情况是否如此。

广播的典型特征之一是直播。当代广播绝大部分内容是现场直播的:节目播出时我们差不多同时可以收听到。大部分音乐广播(但可能比大多数人认为的要少)、大多数新闻和体育节目,以及大量的谈话节目和几乎所有的热线电话节目都是直播的。当然也有例外,比如那些提前录制的语言类节目,或者那些经过录制、编辑和其他后期制作过程的"精品"类语言节目(参见"录音报道"词条)。几乎所有广播剧、广播纪录片和广播特写类节目都是如此。即使是在现场直播的节目中,也可能有预先录制好的插播成分,尽管它们听起来像是直播的。对于忙碌的政治家的采访可能是提前录制好的,尽管它给了我们一种"直播"的感觉——也就是说它是"像直播"或传达出一种"现场感"。

在广播诞生初期,以及电视出现的前几十年,所有的节目形态都是直播的。当时的录音设备过于笨重,以至于只有在特别必要的时候才会被使用。美国有些战前节目需要录制是因为美国国内存在时差,英国一些节目也需要录制是为了传送给殖民地国家播出,比如英国战前商业广播,在被送往欧洲其他国家播出之前需要在伦敦提前录制好(Street,2006a:103)。但是BBC绝大部分节目都是直播的,这种情况一直持续到20世纪50年代磁带录音机的出现。

埃利斯在对电视现场感的重要论述中,指出电视的直播特性是相当重要的,"现场直播使电视和受众之间建立起直接而又亲密的联系,这种联系成为电视播出的最典型特征之一"(2000:31)。他对电视及其现场感的论述也适用于广播研究。节目即使是提前录制的,也会竭尽所能营造出现场直播的感觉。比如,使用直接对话的模式("我""你"等)营造"此刻"的效果,呈现"修辞学意义上的现场感"。主持人也会向听众问好("大家好""晚上好""欢迎收听"),就好像节目正在直播,也会使用诸如"接下来""稍后""稍事休息马上回来"等显示此刻情景的话语。电视和广播营造的现场感,表明观众所看到和听到的实际上是在播出那一刻发生的,这与前文提到的"共在"体验是密切相关的。打个比方,周六晚收看 ITV 非常受欢迎的轻松娱乐节目《相亲约会》(Blind Date)的时候,观众不仅被鼓励相信该节目是现场直播的(事实上它不是),还被鼓励相信他们通过这个小电视机正与数百万人分享着此时观看的经历(Ellis,2000:34)。

将目光转回广播,我们可以看到广播同样在花大力气使其录制的节目听上去更像现场直播。技术的不断发展和广播节目生产的经济状况,导致越来越多商业电台的 DJ 谈话节目都采用提前录制的方式。既然 DJ 能够在附近的录音棚、家里,在其合适的时间录制其串场部分,通过综合业务数字网(ISDN)传输过来,那为什么还要付高价让他(她)大清早来到直播间做直播呢?"声源定位"现象指的是预先录制链接,以便以后传输使用,通常使用一种特殊的音乐播放软件(Starkey,2004a:248)。这确实存在一些风险:

> 如果不加控制地滥用,极端一点说,这种自动化播出可能会使整个广播电台不需任何主持人或技术操作人员就可以进行广播,或者一天 24 小时都是同一位主持人广播。尽管不间断地播放音乐也是一种受众需求,但常识告诉我们听众也许很快就会质疑主持人为什么一直播音而不去睡觉。(Starkey,2004a:100)

现场感的特性主要是通过媒介话语传递出来的。托尔森认为"媒体谈话"(或者斯坎内尔所说的"广播电视谈话")有三个重要的组成部分:交互性、表演性(即主持人的表演)以及"生动性"(2006:9)。生动性具有和现场感相同的性质,它使听众觉得主持人的话是不打底稿的,具有不可预知和自然而然的特性,是对此时正在收听的所有听众说的。广播中有许多技术设备可以强化这种此时此刻自然发生的感觉。我们都知道大部分体育节目不是录播的,因为有很多因素可以确保节目是直播的。这也证明了托尔森所说的广播节目中的不可预知感。比赛会赢吗?高尔夫球能进洞吗?这也能确保评论员的主持话语带有一定的自发性和兴奋感。所以大多数体育节目都是直播的,同时也拥有特别的现场感。广播热线电话节目是当代广播取得巨大成功的重要因素之一,这正是基于其直播的前提。我们被邀请打电话进来,这一事实显然是广播传播正在进行的一种证明。热线电话的现场感因打进热线电话人明显的即兴电话内容和主持人明显的自觉回应而得到加强。

  从某种意义上说,现场感既是人所特有的"错觉",也是由人所创造的自然而然的感觉,就是存在于"此时此处",同时也是广播人和我们同在此时此刻的世界里这一现实的一个映射,不仅是一天中的时间,而且是一周和一年中的同一时间。亨迪也指出,"广播的时间性节奏——它的叙述方式、小时段循环和每日每周的时间表——都与我们日常生活的时间性节奏联系在一起"(2000:178)。他也提及了加纳的深奥论断:广播传播的真正"文本"是"演播室墙上的时钟"。换句话说,多数直播节目的内容其实是对于时间是什么的一种不断的确认。广播具有很强的时效性特征,通过早餐时段的版块节目、下午的广播剧节目或深夜的热线电话节目来反映一天中的某个时刻,这些都有助于提高现场感的特性。也许有的节目是提前录制好的,但通过专业技术手段能够使听众相信他们所听到的就是现场直播,广大听众与主持人和节目内容同在一个时间场内。

  为什么广播要如此强调现场感?进一步来说,为什么它直接关涉到对广播本身的理解?如果我们回到托尔森试图定义的媒体谈话的特点或媒体谈话中的"关键概念",我们会发现一些有用的论据,帮助我们理解广播本身是如何成功地吸引它的听众的——尽管有其他媒体的巨大诱惑,人们仍然在收听广播。这些论据也适用于本书中讨论的其他概念。广播经常被称作亲密媒体,为其听众构建一种虚拟的共在感。就像一个朋友一样,在同一地点也作为一个听众。现场感是这种效果的一个至关重要的部分。现场感的修辞使用(自然而然地,无须底稿)既有助于营造广播的亲密性,也有助于营造广播的共在感。这三个特点正是广播的核心所在。值得注意的是,它们并没有出现在一些个人化的"广播"新形态中,或者出现在其他音频新形态中,例如播客。音频点播可能会使听众感到亲切,但共在感和现场感是当代广播的专属特性。音频点播很难给听众带来与当代广播一样的亲密感、共在感和现场感,这是当代广播所独有的。上述分析或可解释为什么基于广播直播的录音室能够在个性化媒体的威胁下生存下来。你在收音机里听到的可能不是你一定会选择的音乐或谈话,但至少它让你感觉到"此刻"的存在——你会觉得此时此刻自己与某个人及其他人同在。

❓ 思考问题

1. 为什么广播媒体强调现场感?为什么"现场感"直接关涉到对广播本身的理解?

2. "现场感"与前文的"亲密性"之间有什么关联?

➡ 延伸阅读

Ellis, J. (2000) *Seeing Things*. London: I. B. Tauris.

Starkey, G. (2004) *Radio in Context*. Basingstoke: Palgrave Macmillan.

Tolson, A. (2006) *Media Talk: Spoken Discourse on TV and Radio*. Edinburgh: Edinburgh University Press.

声响[①]
Noise

> 声响是广播的符号之一,指的是存在于广播中的非语言、非音乐或非静音的声音内容。声响包括自然的声音、偶然发出的声音或人为制造的声音,如音效。

克里斯尔认为语言是广播的主要符号(Crisell,1994:3)(参见"广播符号"词条)。也就是说语言是广播媒体最基本的传播交流方式,差不多如视觉图像之于电视媒体。如果克里斯尔认为音乐是广播的基本符号,那么他会受到质疑。但在大量的音乐广播中,是音乐在交流,DJ的声音完全是处在第二位的。上述这些观点无论哪一个都是正确的,总有一些声音伴随着话语和音乐,有时以相当微妙和不易察觉的方式强化着广播的意义。如果我们把这些符号看作广播符号中更重要的部分,那么静默本身应该在广播符号中排最后。

广播中的非语言、非音乐声响包括自然附带的声音和人为创造的、通常用于广播剧中的声响。音响效果通常是广播剧的重要组成部分,音响效果的成功与否取决于它对听众意味着什么。一种方法是把它看作一种声波速记法:绳子的摩擦声意味着在船上,海鸥的叫声意味着在海边,警笛声意味着城市,鸟鸣声意味着乡村(Shingler and Wieringa,1998:146)。正如在"声

[①] Noise,直接翻译为"噪音"。但是在本书或者英国学术界"noise"并不完全指代"噪音",而是除了"音乐、话语、静默"这三种广播符号之外,出现在广播中的其他"声音"。本书把"noise"翻译为"声响",不等同于"sound"的翻译。"Sound"包含了"music,speech,noise and silence"这四类内容。——译者注

音景观"词条中所建议的,声音环境中充满了这些富有潜能的符号,这些符号可以被用在广播生产中创建听众的位置感。

声响的存在,既包含人为制造的音效也包括自然音效,在各种广播节目类型中都是非常重要的。在广播体育评论中,观众的声音对于表现现场观众的情绪状态是至关重要的。人群的吼声、欢呼声、口哨声、呼喊声等都是评论内容的一部分,是针对人群反应提供的一种明显的附加形式——非言语评论。在新闻广播中,声音也可以发挥重要作用,尤其是记者在现场时,声音场景是新闻故事的重要组成部分。下面是关于20世纪80年代英国骚乱报告中的一个例子:

> (音响:叫喊声和警棍敲击警盾的声音)现在你听到的是警察敲击防爆盾的声音,他们正在走近道路中央的路障。他们在攻击中行进。在街道的另一端有一大群年轻人……
>
> 石块扑面而来,一些年轻人的脸被围巾和面具遮住……(a)一辆汽车撞向街边护栏,警察再次前进,敲打着防爆盾并试图冲散人群,这些年轻人迅速退回街道并不断向警察投掷瓶子和砖头……(音响:叫声、哭声和玻璃破碎的声音)。(Crook,1998:276)

在这里,暴乱人群激烈的声响、警察的反击差不多与记者的报道语言一样重要。同样,战争报道也会因爆炸声和枪声而增强内涵。

在道格拉斯对美国脱口秀节目的论述中,她评论了诸如唐·伊姆斯和霍华德·斯特恩等"惊人杂谈类节目主持人"对音响的创造性使用:

> 他们两人都有演员阵容来支持,都使用了音效(不只是口技模仿的声音),用声音来模仿角色,有时是描述演播室发生着什么,无法控制的咯咯笑和大笑声传达出一个排外的有趣氛围。(1999:286)

众所周知,先锋脱口秀节目主持人拉什·林堡在直播间讨论人工流产的时候,使用了吸尘器的声音。吸尘器的声音听起来令人不快,暗示着道义上的指责,也暗示着医疗过程本身。

声响有时对于广播意义的传播非常重要,但它也很容易在讨论广播符号时被忽视。

思考问题

1. 广播符号包括哪些？请分别阐述不同符号的功能与作用。
2. 试举一例,谈谈广播中对声响的创造性使用。

延伸阅读

Shingler, M. and Wieringa, C. (1998) *On Air: Methods and Meaning of Radio*. London: Arnold. pp. 51-61.

Crisell, A. (1994) *Understanding Radio*, 2nd edn. London: Routledge. pp. 44-8.

广播化
Radiogenic

> 广播化在广播研究中是一个颇具争议的术语，常用来描述适用于非视觉化媒体的问题或内容。

"影像化"这个概念指适合视觉媒体传播的内容，可以呈现很好的画面感。例如有些人物和有些地方似乎更适合影像的呈现。"广播化"这个概念似乎更难界定，但BBC使用这个术语差不多有25年了，用以"形容专为广播媒体制作的节目，这种节目最大化地利用了广播与众不同的传播特性"（Everett,1999）。就最基本的层面而言，如果特别适合于广播媒体传播，我们就可以将其定义为"广播化"的。

20世纪90年代末，一些英国学者举行过网络在线学术研讨，讨论广播化这个概念及其精确定义。有人认为广播化意味着"起源于广播"或特别为广播设计的。这种观点会把音乐排除在外，尽管音乐很适合广播，但它并非仅在广播中播出。蒂姆·沃尔（Tim Wall,1999）提出了不同的建议，他认为广播化意味着遵循广播常规的美学价值。这是一个有价值的观点，甚至挑战着通过广播非视觉化也可以呈现出戏剧表现本质因素的观点。这个观点的问题在于，广播和影像传播类似，不能被单纯萃取出某种纯粹的本质，因为它是变化的，这些变化本身是全球和不同国家广播文化的产物。沃尔评论广播"自20世纪60年代以来的形成惯例都是以播放音乐为基础"（1999）。毫无疑问，音乐广播不一定在形式上是主导的，但很明显居于主导地位。应该说，主张音乐而不是话语作为广播的最主要符号一说存在争议，但可以说，广播以音乐为基础的想法是可以做出好的电台的，这也是广播化的一种体现(参见"广播符号"词条)。此外,音乐的非视觉特性(DJ 谈话在很大程度上的非视觉特性)相当适合广播媒体却不适合其他媒体。

学术界对广播化的含义有着相当大的分歧,但毫无疑问在实践领域这个术语对广播分析非常有用。如果我们假设音乐确实算作广播化的,我们可以再举一些其他的例子。在广播剧中,听众可以从演员的内心独白中听出角色的思想,所以思想和心理陈述也是潜在的广播化的。我们身边的声音、我们的音响环境或"声音场景"也是广播化的。没有视觉影像的干扰,我们可以更好地感知这些,因为它们是通过广播传播的。亨迪在有关 BBC 广播 4 台的历史分析中谈到,人的口音也是广播化的,因为是人们用自己的声音讲出自己的故事。有两个特别突出的关于广播化讲故事的例子,一个是真实的,一个是虚构的。BBC 主持人格林·沃斯尼普(Glyn Worsnip)被诊断出患有退化性大脑疾病,在《孤独的声音》(*A Lone Voice*,1988)节目中他讲述了有关自己大脑退化的"完整可怕的事实"。《"汤勺脸"斯坦伯格》(*Spoonface Steinberg*,1998)在某种程度上也是对大脑退化和悲剧的探讨。这是一个独白型广播剧,讲述了一个死于癌症的小女孩的广播日记(Hendy,2007:378-379)。这两个节目都是广播化的例子,与电视媒体相比,更适合在广播中播出。

时事类节目中的政治和政治报道也可以被称为广播化。没有政治家的图片和不必要的视觉影像干扰,广播可以将人们的注意力集中在政治讨论和论辩本身。同样的,知识分子观点、哲学讨论都会因没有影像的干扰而更好地得到传达。正如 BBC 广播 4 台相当成功的《我们的时代》(*In Our Time*)栏目,有三位学者讨论科学和哲学问题,很好地体现了广播化这一特点。在政治传播领域,富兰克林·罗斯福总统的"炉边谈话"当然也属于广播化的案例。罗斯福是一位伟大的电台演讲家,他的声音很适合广播,他的演讲风格也很亲切,他经常用这种方式跟选民们谈论大萧条和二战的问题,也许正因为通过广播罗斯福才会取得这样的成功。

❓ 思考问题

1. 请阐述"广播化"的概念,并列举"广播化"的具体所指。
2. 试分析"广播化"与"影像化"之间的区别与联系。

➡ 延伸阅读

Wall, T. (2004) 'The political economy of Internet music radio', *The Radio Journal: International Studies in Broadcast and Audio Media*, 2 (1): 27-44.

广播世界
Radio World

> 广播世界指的是由主持人创造并控制,听众被邀请进入其中的话语空间(或想象的世界)。

本词条将"话语空间"(discursive space)[或"话语世界"(discursive world)]的概念转换为表达更为清晰的"广播世界"。电台节目主持人创造了一个自己的边界和规则、以主持人的角色为中心的想象世界,这一想法有趣且有用,通过这一重新定位给予其更多的重视。

多数情况下,广播世界存在于广播演播室中,并由主持人控制。最好的例子可以在美国谈话电台和音乐电台中找到。在这两种情况下,热线电话是让听众参与进来的途径,这使得听众中的成员有可能进入广播世界。

对这一现象最好的解释可能来自对《托尼·布莱克本秀》的分析(Brand and Scannell,1991)。布莱克本是 BBC 最早的音乐电台 DJ 之一,1984—1989 年,他在伦敦广播电台塑造了一个特别复杂和独特的个人形象。布莱克本建构的广播世界深具其人格特征:一个悲哀的离婚者、一个痴迷于性的男人、一个爱开玩笑和擅长找乐子的男人、一个反权威的麻烦制造者。那些打电话与这位"领袖"或"活着的传奇"交谈的听众,必须理解并遵守他的"话语王国"或广播世界的规则。那些没有这样做的人很快就会被挂断电话。

另一个很好的案例来自近期 BBC 广播 1 台的 DJ 克里斯·埃文斯。托尔森提供了一个打电话进入埃文斯世界的路径。在这个案例中,阿曼达是打进热线电话的听众:

> 这是一个任何人都可以进入的媒体世界,就像阿曼达一样,有15秒钟的成名时间。这是一个普通人与媒体人互动的世界,进而延伸进入他们栖居的由小名人组成的媒体化社区。(2006:129)

DJ 的人设再一次成为广播世界的中心,体现和表达着节目的价值。"埃文斯的世界"就像一个日间广播肥皂剧,由他的合作主持人和制作人员以"动物园广播"的模式在演播室里和他一起广播。从某种程度上讲,节目很日常化,充满了诸如饼干吃法和各种日常生活相关的谈话。他们营造了一个青少年的世界,一个常常超越常规品位界限的媒体世界。

另一位 BBC 电台 DJ 约翰·皮尔也在他的语言类节目《家庭真相》(*Home Truths*)中建立了一个独特而不寻常的广播世界。这一节目是预先录制的一小时杂志类节目,这让皮尔对听众的贡献有了更大的控制权。他采取了一个特别古怪和有趣的人设:一个上了年纪的居家男人,与周围的现代世界脱节。节目邀请受众提供录制的内容,当然,这些内容必须与节目和皮尔的价值观一致。怪癖、家庭生活(家庭问题)、国家身份认同、老龄化,所有这些都是节目愿意接受的话题。尽管皮尔将节目本身描述为不拘一格,但它实际上是一种标准的话题讨论类节目的实践(Chignell and Devlin,2007)。

话语空间或广播世界的概念是一个有用的提醒,提醒人们在广播播出中进行互动和交谈的机构性和人为性。托尔森把它称为"准社会互动",不是真实的,而是发生在很远的地方,很大程度上是想象出来的。热线电话节目的修辞或意象是主持人和打电话的人之间建立起的一种自发的、真实的交流。实际上,打电话的人正在进入一个高度受控的规则约束语境。广播世界加强和巩固了 DJ 或主持人的人设,因为人设是在广播世界中被想象所创造的,它也加强了节目特性中的互动和参与成分,加强了在节目和主持人的规则和价值观可接受范围内建立起的听众社区感。

❓ 思考问题

1. 请分析一位广播节目主持人在节目中建构的话语空间或者话语

世界。

2. 试分析DJ人设与广播世界构建之间的关联。

➲ 延伸阅读

Brand, G. and and Scannell P. (1991) 'Talk, identity and performance: The Tony Blackburn Show', in P. Scannell (ed), *Broadcast Talk*. London: Sage, pp. 201-26.

Chignell, H. and Devlin, J. (2007) 'John Peel's "Home Truths"', *The Radio Journal: International Studies in Broadcast and Audio Media*, 4(1): 69-81.

广播接收
Reception

> 这个术语既指广播收听体验也指广播接收技术或广播接收终端技术。

本词条侧重于收听效果的技术层面,以及最早被称为收音机等广播接收设备的延展。20世纪20年代早期,广播接收设备由那些无线电爱好者(也叫作'hams'或者'DXers'[①])制作,他们使用工具或简单的介绍说明,制作出晶体管装置,里面有一根细金属线("猫须"),在触碰矿物晶体时进行操控。接收者使用耳机才能接收到声音。真空管、电子管或阀门(英国使用)收音机体积更大,需要使用既沉重又麻烦的湿电池供电,也需要使用耳机收听。最早的插电收音机诞生于1927年,它不再需要电池,扬声器代替了耳机。为了使早期的接收设备在家中更具吸引力,其外形逐渐被设计为家居的样式。精心设计(但仍巨大笨重)的收音机被摆放在客厅的一角或者厨房的桌子上。20世纪30年代某些收音机表现了现代主义的设计思潮:派伊"旭日东升"架式收音机、埃蔻人造树胶橱柜型收音机(人造树胶是塑料的早期形式)既大胆又现代。战前的收音机属于家庭社交生活的一部分,通常都是一家人围坐在一起收听。为了吸引女性听众,1931年埃蔻公司推出了世界上第一款在波段上标明所有电台名称的收音机,当时认为,在此之前一般是男性掌握着操控收音机的技能(Taylor-McCain,2007)。之后出现了使用改良电池的便携式收音机,这种收音机在英国相当流行,虽然20世纪30年代电力供给还不是非常稳定。美国1930年出现了车载收音机,但是过于昂

---

① 'Hams'或者'DXers'是"爱好者"的俚语,前者为英国俚语,后者为美国俚语。——译者注

贵的价格使它只能成为一种奢侈品。

广播接收设备在战后兴起了一场革命。1947年,晶体管诞生,但直到1954年德州仪器公司(Texas Instruments,TI)才研制出第一款口袋大小的晶体管收音机(Ellis,2004:1413)。该样机被送到美国各个广播设备制造商手中,但没有一家对德州仪器公司提出后续的订货要求。1954年11月,第一台正式的晶体管收音机由一家印度公司制作并推向市场。尽管晶体管收音机比真空管或电子管收音机在价钱、体积、重量、续航时间、耐久性、耗电量等方面表现更突出,但市场对这项新技术的接受速度还是相对较慢的。战后的美国,消费者们不愿意再过节衣缩食的生活,他们购买汽车和其他消费品,在那个时代商品的大小才是决定性因素。

在对美国广播文化史的研究中,道格拉斯特别关注技术层面的革新(1999)。她认为晶体管收音机对20世纪50年代末青年文化的形成发挥了重要作用。首先,它促进了家庭之外的广播收听趋势:

> 在工作中,在汽车里,在海滩上,人们——尤其是年轻人——随身携带收音机,用他们的音乐、他们的体育节目、他们的播音员覆盖了一个特定的区域,以此来划定他们的社交空间。晶体管收音机,或者说声音定义了他们的社会空间。(Douglas,1999:221)

广播越来越成为最酷炫的DJ播放黑人灵魂音乐和讲着俚语的媒体场所,晶体管收音机提供了一次"突破性广播收听"的机会,"一个有意识的远离主流、远离成年人、远离白人文化和渴望,挑衅性地进入一个全新的听觉领域——青少年的领域——一个备受欢迎、拥抱和拥戴的新领域"(Douglas,1999:222)。过去是一家人围坐在电子管或真空管收音机前听老一代的广播喜剧和歌手的演唱,现在是一个人在起居室收听广播或与朋友一起收听。因此,20世纪60年代美国和英国晶体管收音机销量剧增,这种销量的增长,很大程度上得益于从日本及香港进口新的、更便宜的新型收音机。

今天,英国市场遍布各种各样令人眼花缭乱的广播接收设备。便宜便携的调频/调幅仍是主流,家庭收音机拥有量高达一亿台。数字广播(DAB)在英国的试验仍处于初级阶段(参见"传输"词条)。尽管英国可以通过数字电视和互联网收听数字广播节目,但其成功与否还是取决于更易于使用的数字收音机的销售情况。早期 DAB 的接收设备就像20世纪的真空管收音机:笨重、昂贵、不易携带,甚至外形都被设计成过去经典收音机的式样。因为数字广播技术不属于全球化技术,所以制造商不会从消费技术成本降低的规模化经济中获益,此外最便宜的数字广播也是最便宜的调频/调幅晶体管收音机价格的 5 倍左右。DAB 是否能成为一项成功的技术、DAB 接收设备是否能像以前的收音机那样流行,还有待时间的证明。

智能手机在全球范围内取得的非凡成功,为道格拉斯在 20 世纪 60 年代对晶体管收音机的描述中所谈及的那种廉价、便携、无处不在的收音机设备指明了前进的道路。事实上布尔(2005)对另外一种个人化媒介——iPod®的论述,就与道格拉斯对晶体管收音机的论述有异曲同工之妙:两者都为听众开拓了社会和文化的空间。

❓ 思考问题

1. 以广播发展历史为例,分析为什么媒体为受众开拓了社会和文化的空间。

2. 为什么说"晶体管收音机对 20 世纪 50 年代末美国青年文化的形成发挥了重要作用"?

➲ 延伸阅读

Sterling, C. (ed.) (2004) *The Museum of Broadcast Communications Encyclopedia of Radio*, Vols 1 −3. New York: Fitzroy Dearborn.

Ellis, S. L. (2004) 'Transistor radios', in C. Sterling (ed.), *The Museum of Broadcast Communications Encyclopedia of Radio*, Vol. 3. New York: Fitzory Dearborn. pp. 1413-4.

Douglas, S. (1999) *Listening in: Radio and American Imagination, from Amos 'n' Andy and Edward R. Murrow to Wolfman Jack and Howard Stern*. New York: Random House. pp. 219-55.

次要媒体[①]
Secondariness

> 一个用来描述广播次要于电视的术语;或者,听广播是次要于其他活动、处于伴随性状态的媒介行为。

广播经常被认为是一种"次要"媒体。这一概念有两个含义:一是广播不如电视作为社会主要媒体那样重要;二是收听广播往往辅助于其他活动,居于次要地位,为生活创造一个声音的背景。希尔姆斯在回答自己提出的问题"广播怎么了"时,讨论了上述两种含义(Hilmes and Loviglio,2002:1)。以前,广播是人们生活的中心,美国20世纪20—60年代动荡的几十年里,广播是其最重要的文化传播机构,在个体社会化和创造美国身份认同方面发挥了核心作用。后来,随着电视的发展,广播的重要性地位下降,从两个层面成为"次要"媒体:

> 当电视取代了广播的主要作用后,广播变为我们生活中的背景声音,也成为我们最稳固和最普遍的伴随性媒体,虽然不再是黄金时段起居室里的焦点,但在其他时段,广播仍在厨房、卧室、浴室、汽车、车间和办公室里陪伴着听众,在散步和慢跑的时候播放音乐,播报本地和国家新闻、体育新闻、现场解说、气象预告、学校放假以及突发事件公告等。今天的广播已经成为我们信息化和娱乐化社会中一个重要的——虽然是辅助的——组成部分,但其正

[①] 有译者曾将 secondary 翻译为"第二类媒介",就本书而言,"次要媒体"可能更适合。——译者注

在为听众提供广泛的服务。(Hilmes and Loviglio,2002:1)

在这里,广播被视为人们生活中值得信赖的陪伴者,而不是媒体派对上的主要嘉宾。那个被电视所占据的位置,不久后又被互联网占据了。

但广播作为次要媒体的事实却不是广播的先驱们想看到的,特别是对于 BBC 而言。20 世纪 30 年代早期,BBC 的出版物中有许多针对广播收听方式的建议和批评。广播曾经是家庭空间中永恒的一部分,是家庭中巨大而笨重的一个家具,收听广播也是一种普遍的社交活动。斯坎内尔和卡迪夫在对 20 世纪 30 年代 BBC 历史的描述中谈及,BBC 告诉听众不要"漫不经心地收听",要么集中精力收听广播,要么直接关掉收音机(1991:370)。电台鼓励听众从节目单中选择自己喜欢的节目,就好像在图书馆选一本喜欢的书一样。这就是所谓的"预约收听",对于 BBC 的一些要求较高、在文化上令人振奋的谈话节目和广播剧来说,这样的收听保障可能是必不可少的。

二战对英国广播产生了根本性的影响。20 世纪 30 年代末听众调查的出现促使电台对听众需求更加重视。在军工厂上班的工人可以收听《音乐伴你工作》(Music While You Work)节目,这是广播作为生活背景声存在比较早期的例子。另一个在战时发展起来的收听习惯是,BBC 开始接受人们在听广播时做其他的事情,因而诞生了广播杂志类节目(参见"广播杂志类节目"词条)。比如,《在厨房》(The Kitchen Front)就属于杂志类节目,换句话说,节目分成了若干短谈话和特写等版块(有关做饭、名人访谈、听众来信、幽默短剧等),目的是满足忙于琐事的家庭妇女的收听需求。

20 世纪 50 年代早期,电视成为英国占主导地位的媒体,美国还要更早几年。电视带走了广播的听众、资金和最好的工作人员。但广播也有其技术上的机会优势。1947 年晶体管的出现使收音机具备了轻巧、便携和便宜的优势,成为听众的伴随性媒体(参见"广播接收"词条)。广播电台增加了 VHF 波段①,增加了打榜前 40 流行音乐节目,在汽车、卧室、厨房、车库和沙滩等地都可收听广播。广播虽然在文化上变得不那么重要,也失去了相当

---

① Very high frequency,常用缩写:VHF,是指频带从 30MHz 到 300MHz 的无线电电波。——译者注

一部分晚间观众,但却成为无处不在的声音伴随性媒体,并拥有广泛的信息来源。这一转变的结果是将原来倾听特定节目的习惯,替换为注意力相对分散的伴随性收听方式。广播电台学习通过节目来反映日常生活的节奏,鼓励人们在一整段时间内收听电台节目。广播中当天即将举行的活动会有预告(如"马上就来……""准时……"),以保障听众随时关注收听该电台节目。这种被动的、漫不经心的听众接收状态可能更容易受到广告因素的影响,因为它的关键防御已失效(Hendy,2000:182)。

"驾车时段"很好地体现了广播的次要媒体地位。美国第一台车载收音机出现于20世纪30年代,到了1953年,60%左右的汽车都安装了车载音响(Rothenbuhler and McCourt,2002:378)。随后广播界推出了交通类节目,专门针对将收听作为从属性活动的驾驶员。驾车时段已经成为广播最受欢迎的播出时段。在美国,这对于商业广播和国家公共广播而言,是同样重要的。

近年来,互联网的出现为边听广播边做其他事情提供了又一次新的机会,广播也得以成为上网冲浪时绝佳的陪伴。的确,网络电台的发展也印证了这一点,互联网用户可以在线收听各种各样数不清的电台节目。

但不加批判地接受广播作为"次要媒体"的新地位是一种错误。很明显,广播中有一些时刻是需要我们集中注意力收听的。一个优秀的 DJ 会使我们大笑,或者一个新闻事件会使我们停下手上正在做的事情;公共广播电台的新闻分析或一部优秀的广播剧将会拥有注意力集中的听众。也有人提出,一个边做晚餐边听广播的厨师,可能更主要的是作为广播听众,削土豆皮才是次要的活动。比较近年来的电视媒体,广播的次要地位可以有另外一种相反的解读:美国和英国广播在政治上均具有非常强大的影响力。20世纪90年代,美国的谈话电台为给保守派的共和党选举投票及获得广泛支持作出过重大贡献。BBC 广播4台的《今日》节目始终是广播电视媒体中最具影响力的政治节目。英国广播公司总裁格雷格·戴克(Greg Dyke)于2004年辞职,原因是他在伊拉克战争之前所受到的指控,不是在英国广播公司的电视上,而是在《今日》广播节目中,这一点也不令人觉得奇怪。事实上,英国广播新闻报道和分析的质量,特别是对于公共服务广播而言,是广播在竞争中生存下来的最重要的因素。对于这一观点还应补充的是,在大西洋两岸的英美两国,通过热线电话参与节目所传播的民意达到了前所未有的程度。广播有时被称为"次要媒体",但它却是报道政治新闻和观点的主要媒体。今天对于许多人而言,广播仍然是最可靠的信息来源,而且可以说,广播有时是表达各种意见和听取广泛评论的主要信息来源。

❓ 思考问题

1. 请列举"次要媒体"的两个含义。
2. 为什么对于广播"次要媒体"的提法需要批判性地接受?

➲ 延伸阅读

Crisell, A. (1994) *Understanding Radio*, 2nd edn. London: Routledge. pp. 44-8.

Hilmes, M. and Loviglio, J. (eds.) (2002) *Radio Reader: Essays in the Cultural History of Radio*. New York: Routledge.

声音文化
Sound Culture

> 声音文化是指处于广泛社会文化语境下的听觉环境(或声音景观)。

"声音景观"词条讨论声音景观或声音环境的内在含义,说明在广播研究中这是一个重要的概念,因为它描述了声音环境所包含的意义(交通的隆隆声、商店传出的声音、遥远的警笛声——这些声音都能表现都市生活),这种声音景观经常可以在广播节目中得到体现,有时也表现在广播声音本身。而"声音文化"(也称"听觉的"或"听觉文化")与"声音景观"有直接的联系,事实上两者间的区别也不是泾渭分明的。在某种程度上,声音文化是一个更宏观的概念,它需要我们认真思考并对声音景观的起源和性质提出疑问:为什么声音能产生这种效果?我们每天听到的声音会产生什么样的社会和文化影响?

社会和文化组织在很大程度上要对我们栖居的声音景观负责,而这些声音景观随着时间的推移不可避免地会发生变化。欧洲工业革命之前,声音景观最典型的一个特征是教堂敲钟的声音。它告诉农田耕作的人们一天辛勤工作的进度,也是被钟声环绕的社区生活的一种声音标记,提醒着那些听到钟声的人们,教堂是他们生活的中心。钟声是声音景观的一部分,而丰富了钟声内涵社会和宗教层面的意味,则是更广泛的声音文化的一部分。

工业化构建了一种不同的声音景观——现代化的声音景观(Thompson, 2004)。城市变得前所未有的喧闹,"现代科技的喧嚣:高架铁路的咆哮、内燃机的轰鸣、广播信号传输的嘶嘶声等"(Thompson, 2004:6)。面对这种经常让人感觉疏远的喧嚣,20世纪的城市居民努力去创造一个更安静的世界,甚至消除不需要的声音,声学科学应运而生。在美国,爵士乐是这种城市听觉混合物的一部分,它代表了美国城市本身(直到今天在好莱坞的原声电影音乐中仍是如此)。爵士乐与城市噪音密切相关,这里描述的贫民区噪音来自爵士音乐家杜克·艾灵顿(Duke Ellington)提及的哈莱姆区的通风井:

> 你能从黑人社区的通风井中找到全部生活的本质,你能听到打架声、闻到饭香,还能听到更私密的声音。你能听到各种流言蜚语。你能听到电台的声音。一个通风井就是一个巨大的扩音器。
> (转引自 Thompson,1994:131)

这些声音,包括爵士乐,是居住在贫民区的美国非洲人特别丰富和复杂的声音文化的一部分。一个由社会、历史和文化决定的声音景观,是对它的民族特征的一种反应。爵士乐被视为丛林音乐,能够驱使人们做出"最邪恶的行为"。它是"黑人音乐"和"妓院音乐",难怪过去要花这么大的力气阻止其在广播中播出(Hilmes,1997:49)。

当代城市声音景观具有独特的电子属性:

> 从其他人耳机中溢出的"嗤嗤—嗤嗤—嗤嗤—嗤嗤"的声音,救护车和警车清路时的"嘀都嘀都嘀——"的声音,公共场所陌生人在手机这端"巴拉巴拉——"的说话声……这些声音提醒着我们,多数时候我们生活在一个声音的世界中。(Smith,2003:127)

当代声音文化大多来自电子媒介:个人化媒体如智能手机和 iPod®,家庭中的音乐播放,收音机和电视,商店、酒吧和夜总会中的唱片播放等。从文化视角来看,这些声音景观应被视为一种高度商业化的全球环境,在这种环境中,我们所听到的是在媒体集团的会议室中商讨决定的。这是一个很大程度上脱离、忽略当地环境的声音景观。在这个全球化、商业化的声音景观世界里,除了偶尔敢于挑战枯燥、同质化和类型化的节目,多数时候电台与之具有高度的同谋性(Douglas,1999:356)。

我们有理由去探讨声音文化的概念是否与广播有关。答案当然是与声音本身以及我们通过声音对世界的认知有关,这些是广播媒体的基础。克里斯尔曾因使用"盲"讨论广播的特性而受到指责,但他也强调,现代媒体基本上都与声音有关,这一提法所昭示的明显事实,无疑是非常正确的。对于广播专业的学生和学者来说,需要承认声音研究作为一门除广播之外更宽泛意义上的学科的重要性,这意味着布尔和巴克(2003:2)所倡导的批判性的"用耳朵思考"是我们不能忽视的。如果将广播在广播电视或者更大的媒体语境下,甚至在声音文化的语境下进行考量,我们对其的理解将会更加完整。

❷ 思考问题

1. 请分析"声音景观"与"声音文化"之间的关联。

2. 为什么在"声音文化"语境下讨论广播媒体将使我们对它的理解更为完整?

◐ 延伸阅读

Bull, M. and Back, L. (eds) (2003) *The Auditory Culture Reader*. Oxford: Berg. pp. 1-17.

Thompson, E. (2004) *The Soundscape of Modernity: Architectural Acoustics and the Culture of Listening in American*, 1900 −1933. Cambridge, MA: MIT Press.

Hilmes, M. (1997) *Radio Voices: American Broadcasting*, 1922 −1952. Minneapolis, MN: University of Minnesota Press.

声音景观
Soundscape

> 声音景观是声音(或声波)环境:既包括我们在日常生活中听到的声音,也包括在广播中听到的声音。

加拿大作曲家穆雷·谢弗(R. Murray Shafer)首创了这个重要术语来指称"声音环境"(Bull and Back, 2003:21)。声音景观类似于风景,但没有地理上的物质性和视觉性特征,它包含了某个环境中的所有声音(参见"声音文化"词条)。今天城市的声音景观通常被汽车声、警笛声、嘈杂的空调系统声、莫名的碰撞声和机器的重击声所主导。这与历史的声音景观形成了对比,今天我们显然已经听不到了,但至少可以通过一些调研工作来猜测。三百年前的英格兰,在一个小集镇外的田野里,你可以听到人们工作时的谈话声,歌声,狗吠声,工具的刺耳声、嗖嗖声、砰砰声,也许还有打猎的声音,号角声,人们的呼喊声和疾驰的马蹄声(Smith, 2003:133)。在广播语境下,区分我们鲜活地生活着的自然声音环境和那些我们在广播中听到的特定的"广播声音景观"十分有价值。后者是由制作人或主持人选择的。这个广播声音景观可以用来描述分析广播剧或其他具有高度价值的现实报道(例如足球比赛或战争报道中的战斗声音等)。

在广播节目制作特别是广播纪录片录制的过程中,制作人经常想通过"非同步声音轨迹"的录制来捕捉声音景观。这是一种独立于主持人的声音,是对环境声音(也称"现实性")的录音。然而,收音机里的声音景观不仅仅是背景噪音,它本身就是意义的载体。海鸥的声音暗示着大海、假期甚至是快乐的情绪,"就像风景一样,声音景观既是一种物理环境,也是一种感知环境的方式;它既是一个世界,也是一种文化,是为了理解这个世界而构建的"(Thompson,2004:1)。

在对广播声音景观的分析中,弗朗西斯·格蕾(Frances Gray)讨论了广播剧,她强调想象在倾听中的作用,"不仅是以丰富的想象力塑造人物和环境的问题,也包括将听众设定为这个声音景观中的一个积极角色,在这个情境中他们会对现实做出虚拟的互动和评价"(2004:257)。所以听众是声音景观的核心,是声音环境和听众自身想象力的交汇点。

城市声音景观或"现代化声音景观"中最重要的一个发展成果是20世纪末电声设备的发明,包括电话、留声机、电影和广播。所以广播是自身声音景观的制造者,也是我们家庭声音环境的重要组成部分。社会人类学家塔基研究了一对夫妻因选择不同电台而引发的争吵:法耶喜欢流行音乐,但鲍勃是一位BBC广播4台的忠实听众,所以强求法耶和他一起听BBC广播4台的节目(Tacchi,2000:158)。塔基描述了鲍勃如何在争吵中"强加他的声音景观"于妻子的身上,这很容易让人联想到因青少年卧室中传出嘈杂的流行音乐声而引发的家庭争吵,令人想起青少年的反抗和叛逆。在这里,广播被视为家庭声音景观中一个重要的、充满含义的部分,甚至选择特定的电台预示着某种家庭中的身份认同。

对声音景观的理解需要我们跳出广播的局限性,认识到广播只是更广泛意义上的声音环境中的一部分。当代城市声音景观以移动电话的铃声、我们无意中听到的单向交谈以及从他人iPod®中传来的不太清晰的音乐声等为特征。随着收音机变得更加便携,并成为个性化智能手机中的一部分,它重新进入了公共声音环境中——在20世纪60年代晶体管收音机播放的四十大金曲音乐节目中,它曾经占据过这样的位置。

❓ 思考问题

1.在广播语境下,为什么"区分我们鲜活地生活着的自然声音环境和那些我们在广播中听到的特定的'广播声景'十分有价值"?

2.分析广播在当代公共声音环境中的作用。

◉ 延伸阅读

Murray Shafer, R. (2003) 'Open Ears' in M. Bull and L. Black (eds), *The Auditory Culture Reader*. Oxford: James Currey. pp. 25-39.

Thompson, E. (2004) *The Soundscape of Modernity: Architectural Acoustics and the Culture of Listening in American*, 1900 −1933. Cambridge, MA: MIT Press.

Gray, F. (2004) 'Fireside issues: audience, listener, soundscape', in A. Crisell (ed.), *More than a Music Box: Radio Cultures and Communities in a Multi-media World*. New York: Berghahn Books. pp. 247-62.

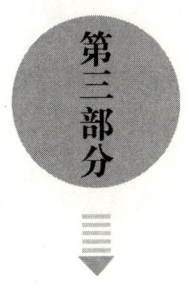

广播行业

广播广告
Advertising

> 广播广告是指向企业售卖播出时间,允许企业销售自己的产品,通常是以简短的"现场"广告或节目赞助的形式呈现。

谁为广播付费?听众为收音机或接收装置付费,但很少有直接为广播服务即节目本身付费的。在全球范围内,广播的付费方式多种多样,包括来自政府的直接资助、间接资助(如 BBC 通过许可证费支付;或者间接征税的方式),慈善机构或非政府组织的支持(如非洲许多社区广播),直接订阅(如美国天狼星卫星电台 Sirius 和 XM 卫星电台),但最重要的财务支持方式是出售广告播出的时间。

广播广告的历史可以追溯到广播诞生之初,事实上,正如希尔姆斯指出的,广播的历史和广播广告公司的历史是平行的(1997:114)。尽管对于历史上哪个是第一则广播商业广告,各方意见不尽相同,但有人提出 1922 年 8 月,纽约昆斯伯勒房地产公司在纽约广播电台 WEAF① 上播出了第一则 15 分钟的商业广告。战前的美国广播广告既有商家节目赞助,也有"插播广告"时段,这一时段内广告作为一个系列或者被打包播出。战前美国广播广告赞助的节目,有特色的包括《克利科俱乐部因纽特人》(*Cliquot Club Eski-*

---

① WEAF 最初是 AT&T 旗下西部电力公司的一个实验机构,负责制造接收设备和天线;同时 AT&T 旗下的 Bell 公司当时正在研究较高质量的音频传输技术,所以 AT&T 在 1922 年开办了 WEAF 电台作为研究和发展中心。WEAF 有固定的节目播出时间表,同时还应广告和赞助商的需要开办了一些新节目,引自百度百科 https://baike.baidu.com/item/NBC/3207.2019.06.28。——译者注

mos)①(为 Cliquot Club 的姜汁啤酒做广告)和国家碳公司(National Carbon Company)的《永备时光》(*Eveready Hour*)(其他例子参见"商业主义"词条)。开创性的广播肥皂剧《克拉拉、卢和埃姆》在 1931 年由"超级肥皂"公司(Super Suds)赞助(因此诞生了"肥皂剧"这个词),1932 年由高露洁公司赞助,1935 年由帕尔莫立夫公司赞助。

战前,美国和英国的广播广告公司都制作自己的节目。比如,美国艾耶(N. W. Ayer)公司从 1923 年起开始拥有自己的广播节目制作部,制作广播剧、文学作品改编以及多种综艺节目(Hilmes,1997:114)。英国收听到的商业广播主要来自欧洲的电台。当时的广告业巨头智威汤逊(JWT)为卢森堡电台和诺曼底电台提供广播节目(Street,2006a:103)。对于当时的电台而言,依赖外部节目制作的一个问题是,部分电台对节目内容缺乏监管而导致电台内容质量标准下降。智威汤逊公司很快看到了广播反映大众需求的潜力:

> 直到 1927 年,智威汤逊不仅认识到了"这些庞大的新阶层人群"的存在,而且认识到了这些人群的存在价值。他们有钱可花,除了小报和低俗的忏悔型杂志②,他们几乎接触不到其他媒体。智威汤逊开始倡导一种新的"浅白"的广告形式。(智威汤逊内部文件,转引自 Hilmes,1997:117)

智威汤逊在英国留下的文化传承带有很多怀旧的情感。整整一代的听众会记得卢森堡广播电台周日晚间播出的由好立克(Horlicks)赞助的节目

---

① *Clicquot Club Eskimos* 是一个流行的音乐综艺广播节目,于 1923 年首次播出,由 Harry Reser 执导的班卓琴乐团演奏。一种流行的姜汁啤酒 Clicquot Club,是 Canada Dry 的主要竞争对手。Clicquot(发音为"klee - ko")是广告和产品中描绘的爱斯基摩男孩吉祥物的名称。——译者注
② 所谓"忏悔型杂志"实则与小报内容类似,包含各种吸引眼球的耸人听闻、有违道德或者传统认识的"真实经历",这些内容以第一人称陈述的方式表达出来。——译者注

《阿华田人联盟》(The League of Ovaltineys)，①该节目因"拥有有史以来最成功的广告词而不朽"(Street,2006a:12)。那首广告歌曲以"我们都是喜欢阿华田的人"开头，以"因为我们都喝阿华田，我们是快乐的女孩和男孩"结尾。

广播广告对广播行业来说可谓喜忧参半。一方面，它带来了大量从其他渠道无法获取的资金。2002 年，美国的广播广告收入达到令人震惊的 195 亿美元。但另一方面，这些收入是有代价的，广播广告干扰广播节目，产生了负面影响，前面引用的例子就是一个很好的证明。20 世纪 20 年代，在广告代理公司的影响下，美国电台内容标准和控制明显下降。在某种程度上，这些广告公司比广播电台更与现代消费主义的"粗俗"趋同：

> 20 世纪 20 年代，一场深刻的社会变革正在进行……维多利亚时代的品位、个人行为和道德标准正在瓦解。那一时代的品位十分欢迎电台的商业化趋势。广告人比电台的高管更能察觉到这种趋势，他们利用了那个时代"爵士跳跃般的节拍"。几乎在广播人还不知道发生了什么之前，广告代理公司就已接管电台业务——而且是由他们决定电台的内容基调。(Sydney Head,转引自 Street,2006a:85)

今天，广播广告的不良影响仍然存在。英国听众对商业广播节目态度的受众研究显示，尽管他们能接受广告作为一种商业广播的必要存在，但认为广告太多了，切断了他们享受节目的完整过程(Ofcom,2004:42)。当然，就像前面提及的深受大众喜爱的阿华田广告一样，赞助商传播给听众的信息也可以是有趣的、受欢迎的。

任何对于广播广告影响的评价都不得不考虑多种因素和问题。从消极的方面来说，广告商可能会因为满足特定受众群体的需求，而传播对其他受众而言是无用或者不想听到的信息。这可能会将电台发展推向受限制的模

---

① League of Ovaltineys 是 20 世纪 30 年代的一个儿童俱乐部，旨在促进在英国销售 Ovaltine 品牌饮品。它在卢森堡电台播出其制作的节目 *Ovaltiney's Concert Party*，1939 年已有 500 万俱乐部成员。——译者注

式——通常电台都会出于迎合受众的目的,以最安全的、可预测的方式来安排节目内容,正是由于这个原因,当代流行音乐和乡村音乐在美国占据了主导地位。广播电台也是非常不稳定的广播广告收入的受害者,经济下滑似乎总会首先对广播广告造成严重影响。广播广告在广播内容输出端可能又是一种烦人的干扰。当然,广播广告也有一定的好处,本地电台的本地广告可以提高人们对本地活动和服务的认识,也有助于巩固电台的"本地化"身份。通过为目标受众设计广告商品和服务,广告也有助于建立本地电台的身份认同。最后,对商业收入的依赖,意味着电台不需要对其他机构负责,比如政府或教堂。

思考问题

1. 比较中外广播广告干预广播节目的案例,分析其间的异同。
2. 分析广播广告对于广播发展的积极意义。

延伸阅读

Starkey, G. (2004) *Radio in Context*. Basingstoke: Palgrave Macmillan. pp. 143-65.

Hilmes, M. (1997) *Radio Voices: American Broadcasting*, 1922 – 1952. Minneapolis, MN: University of Minnesota Press.

Street, S. (2006) *Crossing the Ether: British Public Service Radio and Commercial Competition 1922 – 1945*. Eastleigh: John Libbey. pp. 76-115.

>> 商业主义
commercialism

> 商业主义是指将电台和服务作为一种盈利业务来运营,其发展和影响是与公共服务广播截然相反的。

如果我们将所有广播进行分类的话,会发现其包括公共服务广播、社区广播、国营广播和商业广播。公共服务广播主要存在于欧洲,多数美国广播电台都是商业化的,自20世纪20年代以来一直如此。今天的英国既有公共服务广播(BBC),也有商业广播,还有规模虽小但不断壮大的社区广播。商业广播的定义一般依据它的付费方式和它所宣称的盈利目标而定,但这并不意味着英国的商业广播在任何方面都弱于BBC,有时利润最大化的压力是显而易见的。尽管几乎所有的商业广播都受到国家的监管,但自20世纪80年代以来,随着美国和英国实施自由市场政策,减少干预政策的出台,政府管制程度已经大幅度降低了。

商业电台尤其受制于商业主义的力量,被削减成本和增加利润不断驱动,这在当前资本主义媒体时代通常意味着创建大型媒体集团和通过自动化来降低成本。这一过程对于电台制作人和媒体学生的重要意义在于商业主义对节目质量的影响,以及更令人担忧的,商业电台使其听众了解地方、国家政治事件和问题的能力是否会下降。

1925年以前美国广播的早期发展阶段,广播服务如何付费的问题一直是人们讨论的焦点。我们可以想象一下当时相当混乱的状况:在食品店、地方报社、大学等设立了电台,而电台的大多数工作人员都是非专业的爱好者,人们就如何让电台赚钱还没能达成一致看法。1924年,《明尼阿波利斯论坛报》(*Minneapolis Tribune*)执行主编迪利恩(T. J. Dillion)很好地阐述了这一点,"报纸经营电台有什么好处？我们认为其回报不值得付出什么代价"(转引自 Smulyan,1994:40)。

电台运营的解决方案不甚明朗。直到1925年,人们都还在考虑通过订阅付费和支付许可证费的方式收费。然而,尽管存在广泛的保留意见,但由销售产品的公司赞助个别节目成为美国当时广播电台的一个显著特点。最早的赞助节目之一是1923年由幸福糖果公司(Happiness Candy Company)赞助的纽约 WEAF 的《快乐男孩》(*Happiness Boys*)(Smulyan,1994:98)。著名的例子是1931年由"超级肥皂"公司赞助的《克拉拉、卢和埃姆》,该节目激发了人们的灵感,创造了"肥皂剧"一词(参见"广播广告"词条)。其他著名的例子包括:国家碳公司赞助的《永备时光》和克利科俱乐部姜汁啤酒资助的《克利科俱乐部因纽特人》。以广告来赞助节目的争论,成为支持公共服务广播和那些希望发展商业广播的人之间某种意识形态层面的斗争。在这场争论发生的同时,美国广播公司 NBC 和 CBS 成立了。这些由商业广告资助、通过电话线为电台提供节目的形式的重要性日益增加,同时企业通过电台向越来越多受众做广告的潜能不断得到印证,促使电台改变运作模式的争论还在继续。这一两难境地,实际上是为了平衡两方面的需求:商家不想放弃大多数家庭用品的女性购买者这一庞大电台受众群体,同时也想让监管部门相信广播是一项严肃而有价值的事业:

> 商业广播公司不得不使公众和政府官员相信,他们坚决致力于高水平的文化和教育节目……对提供文化类节目做出承诺,这对于加强政府管制,甚至对处在困境中的彻底改革均具有根本性的作用。(Robert McChesney, in Hilmes,1997:13)

战前商业广播的巨大成功无法为战后广播提供经验。无论美国还是英国,电视的出现对于广播而言都是一个重要的冲击。美国的广播电视系统,BBC 在一定范围内,均已经把精力从广播转向了令人兴奋的电视发展的新世界,"视觉表现的电视媒体变得越来越强大,音频的广播媒体开始被削弱"

(Hilmes,2002:3)。更糟糕的是,许多著名的电台工作人员从电台转向了电视。而商业广播得以在美国存活下来,主要源自当时两个相关现象的发展:一个是晶体管收音机的发明导致了相对便宜的便携式广播接收装置的出现;另一个是当时摇滚音乐的流行风潮到来,与此同时,由 DJ 主导的面向年轻人的广播节目与此风潮形成了一种呼应(参见"广播接收"词条)。早期音乐广播的发展很好地说明了商业主义的影响。20 世纪 50 年代末,一个电台经理和电台内容管理人员坐在奥马哈一家酒吧中,他们注意到自动点唱机反复播放着同样的歌曲。这启发他们发明了一种新的电台播放模式:在播放四十大金曲时,选取最流行的前十首重点循环播放。可以说,当代热门音乐电台或排名前四十的音乐电台(作为一种节目模式而为人所知)的播放模式是商业广播追求最大规模受众的一种结果。另外一种电台"识别方式"(标识性间奏声)的发明,也源自商业压力:

> 在争夺听众注意力的激烈竞争中,建立一个始终如一的电台形象变得非常重要。电台识别音乐被早期的四十强音乐台运营商广泛使用,以巩固其电台鲜亮、活泼、充满正能量的识别特征,甚至包括热线电话中不敬的言辞部分——都需要设计得完全不同于他们的竞争对手,即那些沉稳、缓慢、拥有适度声音表达的老式电台。
> (MacFarland,1997:67)

尽管英国与美国广播电台的历史发展大不相同,但商业力量仍然有重要的影响,并一直持续到今天。人们常常错误地认为,二战前只有英国广播公司面向英国受众广播。事实上,在英国可以收听到一些来自欧洲大陆的电台播放的商业赞助节目,例如诺曼底和卢森堡电台。这些电台以其混合了乐队音乐和喜剧的平民主义风格而大受欢迎,比起相当沉闷的 BBC 节目,这些节目对于英国听众而言要轻松很多。这些商业电台成功吸引英国受众的趋势,促使 BBC 在战后推出了轻松娱乐电台(Light Programme)。同样,播放流行音乐的海盗电台在 20 世纪 60 年代也取得了非凡的成功,当时停泊在英国海岸线附近的一艘船上的电台,向英国年轻人播送流行音乐,致使 BBC

在 1967 年创建了自己的流行音乐台——BBC 广播 1 台。

20 世纪 80 年代美国和英国自由市场政策的兴起,成为影响广播商业化趋势的重要因素。英国首相玛格丽特·撒切尔(Margaret Thatcher)和美国总统罗纳德·里根(Ronald Reagan)倡导的政策均受到"无监管市场优势"理念的影响。企业应该被允许盈利,并按企业发展的意愿行事,而不需要国家干预使事情变得更好。这对广播的影响是充满戏剧性的:1990 年的英国《广播法案》(the Broadcasting Act)和 1996 年的美国《电信法案》(the Telecommunications Act),都从根本上减少了对广播的监管控制,这导致施加在广播节目内容上的商业压力更大,对节目质量和广播多样性发展都产生了一系列的影响,特别是在美国。

放松管制的主要影响之一是电台数量增加。在美国、英国和其他一些实施放松管制政策的国家,比较突出的是新西兰,城市和城镇的地方商业电台的数量呈指数级增长。与此同时,这些电台的所有权越来越集中在少数几家"媒体集团"手中,这主要是放松管制带来的后果,包括取消对电视台所有权的很多限制。随后又一轮商业压力出现,电台继续降低成本,增加利润,这直接影响到了广播节目。为实现规模化运营,媒体集团拥有大量电台有其发展的道理。管理层、主持人才、技术支持和节目本身都可以集中提供,这些资源同时可以被分发给其他分支电台。由于使用节目联网、自动播放系统和语音跟踪等,广播的规模化生产与分发变得容易多了。那些看起来像是由当地电台 DJ 做的内容,实际上可能是在几百英里之外的地方提供的,而且可能是上一周就已经录制好的"现场直播"! 在这种残酷的商业环境中,受众成了产品,然后被卖给广告商(Hendy,2000:31)。电台广告主最喜欢的受众是 25—44 岁的人群,因为他们对电台广告很敏感,他们最喜欢的形式是当代热门金曲音乐(或类似的节目)。这种商业形势的结果如亨迪所言,即"蜂拥而至"选择某种特定的电台模式,这种受限的且追求可预见性结果的广播模式催生了商业广播的同质化趋势。

希利亚德(Hilliard)和基斯对美国 1996 年法案所释放的猖獗的商业主义倾向进行了有力的反驳。他们在《平静的声音:美国电台地方主义的崛起与死亡》(*The Quieted Voice:The Rise and Demise of Localism in American Radio*,

2005)一书中提到了一个简单但非常有说服力的案例:巨型传媒集团,如维亚康姆(Viacom)和清晰频道传媒集团(Clear Channel),利用他们强有力的实力,促使政府放松了针对所有权和媒体内容的管制,然后继续推进"正面猛烈袭击美国广播中尚存的地方主义"(2005:xi)。此外:

> 我们也试图表明,合并同时也导致了美国民主在一个关键性方面受到侵蚀:美国人获得多样化信息、意见和想法的自由。这些自由本应不像世界上大多数国家的企业或政府机构所做的那样被控制。(Hilliard and Keith,2005:xiii)

有专家认为,广播在电视出现后幸存下来的原因之一是"地方主义"的发展。各类节目,包括新闻和体育节目,都是关于本地的,常常以反映当地老百姓和当地精英为特色。然而,当巨型传媒集团接管时,其影响是毁灭性的。受尊敬的当地知名主持人被解雇,本地节目被删除,取而代之的是制作于数百甚至数千英里之外的节目内容。"家乡广播电台"的创意已经被摧毁,广播电台创造知情和具有独立批判观点选民的能力也被摧毁了。由于成本的原因,广播公司也取消了任何类型的本地化节目。政治内容,特别是可能揭示大型媒体集团所有权危险的任何内容,都被消除了。

广播未来的发展并不像上述论述所暗示的那样黯淡。美国和英国商业广播的严重失败归因于追求商业利润最大化,推行媒体集团化整合和自动化播出模式也为其他类型的电台创造了机会。英国地方商业广播的消亡为BBC地方广播、社区广播和互联网广播提供了新的发展机会。虽然商业主义的寒风(特别是成本削减和追求最大规模受众)也吹过了这些广播领域,但它们可以被其他来源的资金支持和与商业化理念完全不同的广播信念部分抵消。

❓ 思考问题

1. 为什么广播广告的商业模式催生了商业广播的同质化趋势?

2. 请列举当前广播获得财务支持的几种类型,分析其中的不同与价值趋势。

❍ 延伸阅读

Smulyan, S. (1994) *Selling Radio: The Commercialization of American Broadcasting 1920 -1934*. Washington, DC: Smithsonian Institution Press.

Hendy, D. (2000) *Radio in the Global Age*. London: Polity Press. pp. 24-48.

Hilliard, H. L. and Keith, M. C. (2005) *The Quieted Voice: The Rise and Demise of Localism in American Radio*. Carbondale, IL: Southern Illinois University Press.

社区广播
Community radio

> 社区广播通常是与主流媒体相对应的一个概念,主要优先服务于特定社区的社会和文化需求。

"社区"这个词与广播发生关联有两种不同的方式。社区广播通常是指区别于商业广播和公共服务广播的一种制度变体。关于"听众社区"(community of listeners)有很多种说法,听众分享对相同广播内容的收听经验,并且觉得自己是这一听众社群的一部分。"社区"这个概念可以将这两种含义结合在一个词条中,并分析它们是如何联系在一起的,但是关于社区广播和"收听社区"(listening communities)的论文太多了,因此这两个想法在本书中不得不被否定,否则本词条的内容将太冗长(参见"共在""想象的共同体"词条)。

我们如何定义社区广播?很遗憾,说它是专门为满足社区需要而设计的广播,这种定义方法是行不通的。主流电台也可能会声明满足这些需求,事实也可能是这样的。同样,"小规模""替代性"和"社会效益"等特性也无法界定社区广播,因为这些也可以是商业广播和公共服务广播的特点。戈登(Gordon)总结了定义社区广播的困难:

> 在社区广播领域所做的一项小型研究显示,任何对广播有兴趣的人都明确地知道社区广播是什么。但具有讽刺意味的是,几乎每一个人的观点都不尽相同。人们对社区广播的理解带有非常强烈的个人认识。似乎也存在一个共识,那就是社区广播是一个

电台,主要由志愿者在非营利的基础上运行,这似乎是众人观点可以协调的最终部分了。(Gordon,2006:26)

因此,试图对广播研究中最有趣和最有价值的领域之一——社区广播,做出真正令人信服的定义实在是困难重重。但是,似乎普遍认为,社区广播将其与一个确定社区的关系放在优先地位,并设法满足该群体所认识到的他们对社会和文化的需求。我们看一看越来越多的研究中关于这个环节的案例的讨论,就可以发现社区广播的这两个决定性的特征。

关于社区广播最显著和最知名的例子之一是玻利维亚矿工从1947年起建立的小型电台。玻利维亚矿工与世界其他地方的矿工没有什么不同,他们自我约束,特别是在技术领域,自我教育成才。在他们三四十年的生存史中,玻利维亚正被军事独裁所统治,在这种独裁统治下,媒体受到了严格的限制。矿工的电台"成为主流媒体的一种重要的补充选择,哪怕是在最右翼统治或者无情的政变发生时,玻利维亚矿工电台仍拒绝沉默,留下了史诗般勇敢的记录"(O'Connor,2004:1)。1971年,独裁者雨果·班兹(Hugo Banzer)关闭了电台,但矿工们又恢复播音,形成了对玻利维亚1980年政变很重要的大众抵抗力量。玻利维亚矿工电台的特别之处在于,它们完全不是由慈善机构或社区外部的机构创建和资助的,而是由矿工及其家人创建和资助的。它们是由受压迫的社区创造的,不仅促进了民主,还促进了当地语言(印第安语)和口语传统的发展。作为社区广播的一个例子,玻利维亚的广播电台相当典型。激进的,地方性的,满足特定的文化和政治需求:这些特性根植于社区广播中,由当地人民创造并服务于当地社区。

大约在第一个玻利维亚矿工电台开始播音的同时,美国广播电台的梦想家路易斯·希尔(Lewis Hill)在加州伯克利成立了KPFA①。这个社区广播不同于美国其他电台,它是太平洋广播基金会在美国设立的五个广播电

---

① colorsKPFA (94.1 FM)是一家由听众资助的谈话和音乐电台,位于美国加州伯克利,向旧金山湾区广播。KPFA播出公共新闻、公共事务信息、谈话和音乐节目。该电台于1949年4月15日开始播音,是第一个太平洋广播,也是其旗舰电台。该电台促进了文化多样性和多元文化表达,促进了所有国家、种族、信仰和肤色的个人之间的持久性理解。(摘自维基百科)——译者注

台的一部分,该基金会在其成立声明中的目标是:

> ……从事任何有助于国家之间以及所有国家、种族、信仰和肤色的个人之间持久性了解的活动;收集和播出关于这类群体之间冲突原因的任何信息。(Land,1999:41)

作为激进社区广播的一个例子,太平洋广播当然是主流媒体之外的另一种选择,其理念来自该电台创始人反对冷战时期军国主义的反战主义。太平洋广播在反越战运动中发挥了重要作用,并成为20世纪60年代文化和政治激进主义的先驱。太平洋广播是否是真正的"社区"电台,取决于我们如何定义社区广播。他们由付费用户来资助,这些付费用户至少可以被看作志趣相投的一个集体。但20世纪70年代纽约太平洋电台WBAI是由白人、中产阶级男性控制的,向城市庞大的非白人社区的小部分受众广播(Land,1999:127)。如果我们接受太平洋广播作为社区广播(就像大多数评论员所做的那样),就意味着很大程度上延展了社区广播的概念。

一些最有名的社区广播的例子是为原住民提供的,他们有自己的语言,有的人不识字,但拥有很强的口语传播传统,对他们来说,广播不仅是一种社区表达,还是一种教育和发展手段。广播作为一种社会变革和参与性交流的工具,具有特殊的优势,它成本低、效益高,属于听觉媒介,是与当地文化相关的、可持续发展的、具有良好的地理覆盖范围和与互联网融合的潜力的。因此,社区广播电台的许多文献标题中会包含"电台"和"发展"这两个词也就不足为奇了。例如,迈尔斯(Myers,2000)讨论了马里·杜安扎(Daande Duwansa)的杜安扎之声(the Voice of Douentza)的案例。这是一个西非国家电台,由太阳能供电,用本地语言为12万没文化的听众服务,由英国慈善机构乐施会(Oxfam)提供资金支持。这只是迈尔斯所说的20世纪90年代早期社区广播在西非地区探索的例子之一。杜安扎之声以健康、教育、农业和妇女问题等内容为主,之所以取得成功,部分原因是当地没有电视,也没有来自纸媒的竞争压力。其他类似为原住民服务的社区广播电台还有为澳大利亚原住民创办的电台、为加拿大北部因纽特人创办的电台等。在提及后者的时候,艾莉雅(Alia)认为,"一个国家中如果存在着星罗棋布的偏远社区,那么广播将是最具亲和力、最有用、最易得的媒介"(2004:78)。在这里,广播在一对一的传播过程中发挥了重要的作用,将拥有共同因纽特语言和文化的人们联系在了一起。

在土耳其举行的一次重要的地方商业广播研讨会上,艾尔甘(Algan)描述了土耳其青年男女利用广播约会和发送私人信息的例子(Algan, 2005)。在桑尼乌法镇,婚姻都是被包办的,浪漫没有任何生存的空间。年轻人如果违背传统,将会受到严厉的惩罚,极端情况下甚至会被"荣誉处决"。本地广播使年轻人能够摆脱家长的监视发送私密信息。在爱情的激励和对社会传统批判的环境中出现了"年轻人的电波社区",这也使商业电台相对于主流文化而言,变成一个真正的激进媒体。在研究这个案例时,有三个有趣的部分:首先,从某种意义上来说,它是一个商业广播(Radyo Tempo),打破了社区广播的正统观点;其次,它与发展无关;最后,它直接挑战而不是肯定当地的文化和社区规范。这一案例提醒我们社区广播的多样性,以及用过于简单的定义来描述它的危险性。

社区广播是全球媒体构成中一个丰富而多样化的组成部分,正如本书这些案例所显示的那样。英国监管机构英国广播管理局(the Radio Authority)及其替代者英国通信办公室(Ofcom)在英国各地推出了社区广播,引入了英国"第三类"广播的发展思路。在撰写本书时,英国有 104 个社区广播正在播出,另有 70 个尚在审核中。这已经成为英国广播领域的一个动态发展部分,在广播研究领域具有重要价值。英国公共服务媒体强烈的气息尚在,然而在这项社区媒体发展的新举措中,社区媒体的"社会应用效果"所赢得的声望远高过"广播"在官方文献中的地位。这与被炸药包围的玻利维亚矿工广播截然不同,前者注定要不顾一切地试图阻止军队进入矿区,后者则在津巴布韦双语广播深夜播出直白的与性相关的谈话节目(Mano, 2005)。但是,社区广播是一个非常宽泛的范畴。它可以在商业和公共服务广播(在英国,特别是BBC本地电台)以及付费或捐助者资助的广播中存在。它可以服务于地理位置上孤立或紧密联系的小社区,这些小社区符合关于社区的刻板印象,甚至符合关于社区的怀旧想法,或符合分散的社区或"散居地"。

❓ 思考问题

1. 为什么欧美广播研究中社区广播正成为最有价值的研究领域?
2. 为什么"社区广播"难于定义? 请谈谈你的看法。

➲ 延伸阅读

O'Connor, A. (ed.) (2004) *Community Radio in Bolivia: The Miners' Radio Stations*. Lewiston: The Edwin Mellen Press.

Algan, E. (2005) 'The role of Turkish local radio in the construction of a youth community', *The Radio Journal: International Studies in Broadcast and Audio Media*, 3 (2): 75-92.

Gordon, J. (2006) 'A comparison of a sample of new British community radio stations with a parallel sample of established Australian community radio stations', 3 *C Media, Journal of Community, Citizen's and Third Sector Media and Communication* 2: 1-16.

媒体融合
convergence

> "媒体融合"一词有多种用法,但主要用于描述不同媒体平台间的互相转换。例如,广播和互联网可能会传播给受众相同、相似或互补的内容。

"媒体融合"一词已成为媒体研究中最重要的、使用最广泛的术语之一。它被用来描述当代数字媒体中不同的发展进程,包括媒体公司合并为综合性大型企业、不同媒体平台传播的互补性以及在不同媒体上传播相同的内容。

媒体行业自身的融合,即单个媒体巨头拥有各种不同的媒体渠道,已经成为该行业的一个显著特征。许多全球媒体集团的总部主要位于美国,包括维亚康姆、美国在线时代华纳(AOL-Time Warner)、清晰频道传媒集团和新闻集团(News Corporation)。所有权集中的现象增多是发达资本主义的一个特征,也与全球化的趋势密切相关,而全球化本身在很大程度上是由互联网推动的。当前,对于企业集团而言,更容易在全球各地拥有生产设施和销售网点,并利用廉价劳动力或低税收的经济现实获得发展。放松对媒体所有权规定的管制(例如美国1996年的《电信法案》)促进了行业的融合。这些因素共同造就了高度集中化的广播行业,其中一些公司拥有数百个广播电台(如清晰频道传媒集团拥有超过1000个电台)。正如一次美国国会辩论中所说的:

> 极少数拥有多元产业、高达数十亿产业规模的国际集团,几乎囊括出版我们所有的报纸,拥有我们所有的广播电台、电视台、图

书出版公司,生产我们所看的电影,对于整个国家而言,那将是非常危险的。(国会议员 Bernie Sanders,转引自 Hilliard and Keith,2005:107)

行业融合之所以被视为一种威胁,是因为它影响了媒体表达观点的多样性,以及少数群体的被边缘化。2003 年,强大的清晰频道传媒集团积极支持入侵伊拉克的集会,支持布什总统对伊拉克的政策,在其 1214 个广播电台的内容输出中提出了具有政治影响力的问题(Albarran,2004:341)。由于"南方女孩"(Dixie Chicks)乐队成员之一批评布什在伊拉克问题上的立场,乐队被禁止进入积云广播(Cumulus)①和其他广播电台,而广播谈话节目中越来越多的右翼、亲战主持人控制着电台。此外,媒体所有权集中的影响也体现在降低了美国广播电台的本地节目质量,并将非白人群体边缘化(Hilliard and Keith,2005)。

也许,在平台融合领域,广播受到的影响最大。这种融合形式指的是"由于数字技术的发展,电信、计算机、广播、电视和报纸之间的界限变得模糊"(Franklin et al. ,2005:49)。就广播的具体情况而言,它与电视有一些趋同之处,但更重要的是它与互联网之间的关系。因此,广播电台可以通过互联网进行"实时广播",以达到面向全球受众的目的,也可以使用互联网提供以前电台输出音频内容的点播服务。网络上有关于电台的背景信息,比如 DJ 的照片、对演唱者的采访或者听众聊天评论等内容。在广播直播间安装摄像头已经越来越普遍,这不仅是广播与互联网的融合,也是广播与电视的融合,因为通过这种方式广播节目看上去更像电视节目了。MP3 技术也极大地促进了融合,广播节目的播客形态可以被下载至 MP3 播放器中收听。报刊记者也能利用广播制作技术和技巧制作出与广播类似的播客节目。当手机也能播放音视频时,平台融合也就更加深化了,传统的广播、电影、电视的差异开始逐渐消失。

---

① 积云(Cumulus)是一家美国广播公司,美国第三大调幅和调频电台的所有者和运营商。截至 2019 年 6 月,积云在 87 个媒体市场拥有 428 个电台。——译者注

媒体融合也对媒体内容生产产生了影响。以小说为例,同样的作品可以作为纸质书籍出版,也可以作为广播剧或有声读物出版,还可以发行电影(如《指环王》《哈利·波特》)。以 BBC 新闻时事报道为例,融合的形式是"双媒体"制作方式。同样的采访或报道可能会出现在电视上,也可能会出现在广播中。这种"新闻工厂"的新闻采集方法可以节省成本,但有时会牺牲广播新闻的质量和特性,因为广播新闻极其依赖口头话语的表达。

❓ 思考问题

1. 分析媒体融合对于广播行业的影响。
2. 在媒体融合发展背景下,如何坚持广播的特性?

➡ 延伸阅读

Hendy, D. (2000) *Radio in the Global Age*. London: Polity Press. pp. 46-59.

Berry, R. (2006) 'Will the iPod kill the radio star? Profiling Podcasting as radio', *Convergence*, 12 (2): 143-62.

Hilliard, H. L. and Keith, M. C. (2005) *The Quieted Voice: The Rise and Demise of Localism in American Radio*. Carbondale, IL: Southern Illinois University Press.

广播类型化
Formats

> 广播类型化是指广播电台节目的播出策略,通常是由播放的音乐类型来决定的。

广播类型化是为听众提供标准化和可预测性内容输出的一种手段,主要但不完全与商业广播有关。格式的设计是为了满足广告主的需求,"标准化的产品可能是最好的手段,可预见地确保广播节目锁定一个特定的受众群体——这些受众被所承诺的特定内容产品吸引到特定的电台或节目上"(Hendy,2000:95)。广播类型化包括节目标准化、每日节目时间表和类型化的电台本身。本词条将集中讨论这些问题中的最后一个方面。

20世纪50年代,广播类型化出现在美国,当时主要是因为电视给广播带来了竞争威胁。20世纪50年代以前,广播电台提供混合型节目,包括音乐、戏剧、新闻、喜剧、体育等内容。但是,这些过去以提供本地化广播服务为主的电台,面临着来自电视和新电台的激烈竞争压力。解决方案之一是,电台更多播放唱片排行榜的热门金曲,这种以播放四十大金曲为主要内容的广播循环播出类型,很快在美国占据了主导地位。随着受众竞争的加剧,电台通过播放列表优化了音乐播出的类型,将重点放在了当代流行音乐和怀旧音乐上。主流的四十大金曲排行榜电台类型,具有代表性的是"当代流行音乐电台"(CHR),该电台还播出一系列令人眼花缭乱、风格迥异的歌曲:"成人当代流行音乐"(AC)、"成人轻摇滚音乐"(AOR),以及最近几年流行的"热门AC""主流AC""舒缓AC"等。其他成功的类型化电台包括乡村音乐、怀旧音乐、爵士、福音、新闻、谈话和各种以种族文化为基础的电台。

广播类型化反映了一种广播节目的制作和播出方法,和其他任何行业一样,电台采用类型化播出是出于对盈利模式的认知,而判断广播电台商业行为的唯一标准是"出售"给广告商的听众数量有多少。围绕广播类型化的是关于营销、品牌和受众统计的话题。电台运营也基于这样一个原则,即广播受众可以被划分为不同的细分市场,这些为目标受众提供的节目是经过调研获得的、受众想听的内容。这种方法非常适合美国的商业广播环境,特别是自20世纪90年代放松所有权管制以来。由于一家公司可能在一个城镇或城市拥有多家广播电台,因此广播类型化标准的使用有助于区分它们的输出内容。美国广播行业庆幸他们以这种方式吸引了大批听众,并提供了如此多样化的电台类型。正如道格拉斯所指出的,其实现实情况可能有所不同:

> 目前有大约50种正式列出的广播类型,在非行业人士看来,它们之间的细微差别似乎很荒谬。轻摇滚("播放更怀旧、更柔和的摇滚")和轻成人当代音乐("重复播放一些当代流行音乐")之间的真正区别是什么?古典音乐精选以"70年代和80年代摇滚乐艺术家为主的精选歌曲"为特征,而经典摇滚则以"根源摇滚乐"为特征。(1999:348)

道格拉斯继续谴责该行业使用类型化的标准,实际上是将多种多样的节目内容"挡在门外"。她说,美国人想要安全地在"可控制范围内收听",同样他们也想在可控制范围内进行交流。也许这种对音乐安全性的探索可以解释为什么乡村音乐广播在美国成为最流行的音乐广播类型之一。乡村音乐比其他任何音乐类型都更能反映美国的主流价值观,而且往往是安全和谐且易于聆听的。乡村的崛起反映了20世纪八九十年代文化价值观的变化,尤其是当时社会信奉的道德保守主义和基督教的价值观:

> 相较于流行音乐中出自贫民窟的说唱乐,或以穿皮衣为特征的颓废摇滚乐,乡村音乐给人一种"安全"的印象。美国人面对戴着牛

仔帽的孩子时不会觉得害怕。(MacFarland,1997:75)

虽然广播的类型,尤其是广播电台的类型化运营,已经成为美国广播电台的一个独有特征,但也影响到了英国的广播电台,甚至 BBC。20 世纪 60 年代,BBC 各台提供的是综合节目,新闻、广播剧和音乐这些综合类内容都可以在 BBC 的国内台收听到,但也可以在第三台和轻音乐台收听。1967 年,流行音乐频率 BBC 广播 1 台成立,其高度专业化的节目是四个频率中最具类型化特征的。两年后,一份政策文件《70 年代的广播》(*Broadcasting in the Seventies*)详细阐明了 BBC 各频率广播日益类型化趋势的原因:

> 它认识到⋯⋯面对电视,广播已经"失去了吸引力",很少有听众再愿意费心去看他们在日报或《广播时报》(*Radio Times*)上的节目时间表了。面对这种广播收听的随意现象,它认为 BBC 四个频率需要"提供那些被明确定义和可识别的节目",这样听众就可以"合理"期望收听到他们想听的内容,并且知道什么时候可以收听到。① (Hendy,2007:53)

上面这段话很好地说明了在广播输出方面创造更大一致性和可预测性的现实压力,即使是非商业性和公共服务的 BBC 也感受到了这种压力。很明显,当受众调到一个特定的电台时,他们希望听到一些可预测性的内容。但正如道格拉斯所说,这样做的危险在于,我们所听到的内容失去了原创性和意想不到的东西。

❓ 思考问题

1. 分析类型化电台兴起的背景。
2. 评价类型化电台发展的利与弊。

---

① 原文加粗强调"what""when"。——译者注

⮕ 延伸阅读

Hendy, D. (2000) *Radio in the Global Age*. London: Polity Press. pp. 94-110.

Starkey, G. (2004a) *Radio in Context*. Basingstoke: Palgrave Macmillan. pp. 89-109.

Douglas, S. (1999) *Listening in: Radio and American Imagination, from Amos 'n' Andy and Edward R. Murrow to Wolfman Jack and Howard Stern*. New York: Random House.

互联网广播
Internet Radio

> 互联网广播是指通过互联网接入收听的广播,既包括直播音频流也包括点播音频内容。

互联网(或"网络")广播有一些非常明显的事实,我们需要提前讲一下。因为互联网广播是通过互联网传播的,所以它是全球可用的,在很大程度上不受管制且数量不受限制(不像模拟和数字广播要对有限的频谱资源和多路传输资源展开竞争)。换个思路来说,如大家所熟知的那样,一个网络电台可以由业余爱好者以极低的成本在卧室中播音,且不必担心国家的监管机制。换句话说,这种由业余爱好者来管理操控电台的状态,是否意味着我们又回到了前广播电视时代?接下来的讨论会说明互联网广播并非那么简单。

互联网主要是一种视觉媒体。正如克里斯·普雷斯特曼(Chris Priestman)指出的那样,互联网基本上是基于文本和视觉的,并且的确"互联网要求视觉集中却不是像观看电视的状态",而广播则是非视觉化的(2002:44)。如果是这种情况,广播如何在互联网中被收听?关于这个问题的答案,必然来自现有和以前的网络电台案例,这些案例表明,所谓的传统广播并没有从根本上改变或被互联网所改变,而是正在开发和利用由互联网提供的更大的媒体互动性和接触新受众的机会。

20世纪90年代早期,互联网流媒体技术的诞生使网络广播的出现成为可能,这意味着用户能够即时收听广播而无须先下载音频文件。美国进步网络(Progressive Networks)公司实现了这项技术的突破,开发了RealPlayer音频播放软件。1994年,堪萨斯大学在互联网上开始播放校园广播,转年互联网广播正式进军美国和其他国家的商业广播(van Selm et al. ,2004:266)。网络广播的增长部分归功于它对已有的公共服务广播和商业广播电台的吸引力,以及它对另类的、无执照的广播狂热爱好者或业余爱好者的吸引力,他们突然发现了这一既不需要很多钱又无须监管机构批准就可以做广播的新机会。

已有广播电台倾向于使用互联网同步广播(或"直播")其日常输出的内容。最初被提供给本地或者特定国家有限受众的节目突然实现了全球范围内的传播。此外,一部分相对年轻的受众,大多数时间在使用电脑,可能是上班族或者学生,往往在"多任务同时处理"中收听网络广播。针对美国早期使用网络广播受众的调查显示,这些听众(指"流媒体应用")是一群受过良好教育的、引人注目的年轻互联网用户,他们乐于通过网络广告进行网上购物(Anderson,2004:756)。

商业广播利用这一新机遇的方式,在某种程度上与最初的目的相左,"最初,这项互联网新技术似乎为音乐广播提供了一个与企业利益脱钩的空间,在这里会出现创新,因此多样性可以很好地促进公共利益"(T. Wall, 2004:9)。然而,事实是曾经对商业广播形成的压力现在已经显现在网络广播的发展中。通过将线下电台服务延展到互联网,广播电台为广告商找到了又一个新的市场。一个典型模式是建立品牌网站,提供传统电台的同步转播和存档节目点播,此外还有名人采访特别直播、订票服务、现场音乐会和互动交流(讨论板和聊天室),这些内容中都带有网络广告,可以进行在线购物。根据利德(Lind)和梅多夫(Medoff)2000年的调查,几乎四分之三的广播电台网站都有促销活动,以及有特色的电台工作人员的个人档案和节目信息介绍等(van Selm et al. ,2004:267)。

网络电台也吸引了公共服务广播公司,尤其因为它的全球影响力以及为音频服务提供增值信息的能力。毫无疑问,BBC在线(BBC Online)是个典型案例,它既可以同步播出BBC各广播台的节目,也可以提供"再次收听"的存档服务。BBC的网络电台与BBC网站的海量新闻和信息协同服务,从整体效果上强化了BBC的公共服务资质。

荷兰广播电台是荷兰对外服务机构,总部设于希尔弗萨姆的公共服务广播中心。下面这篇新闻稿很好地说明了网络广播对公共广播机构的益处：

> 作为对外媒体服务，荷兰广播电台通过尽可能多的平台，将其作为可靠的、平衡的国际新闻和欧洲文化信息和娱乐来源的角色展示给其他国家……他们尤其重视为来自前荷兰殖民地印度尼西亚的听众及其分散在各地的侨民提供媒体服务。此外，很有意义的是，该电台也吸引了来自欧洲和北美的听众。因此，在线服务成为富有长期拓展国际广播服务经验的荷兰广播电台的自然延伸。
> （转引自 Priestman，2002：108）

BBC 和荷兰广播电台显然都有兴趣利用网络广播向全球受众传播他们的民族文化和政治观点。与此同时，分布在世界各地的英国和荷兰人群体（"移居"）可以在家里收听到熟悉的广播和新闻节目。邓（Dang）针对越南国家广播电台"越南之声"（Voice of Vietnam，VOV）的一项研究显示，VOV 网络电台不仅为全球越南人服务，受过教育的年轻越南听众也会收听（Dang，2008）。邓展示了 VOV 如何利用互联网向移居到西方的、相对富裕的越南人海外社群传播有关越南的正面信息，同时吸引年轻的专业人士重新养成收听广播的习惯。

另一个相关的例子是巴尔干战争期间贝尔格莱德的 B92 电台。B92 是一个获得许可证的地面信号电台，它批评米洛舍维奇政府，1996 年关闭后开始使用新的 RealAudio 软件进行广播。网络广播在米洛舍维奇政府失利中发挥了作用（Priestman，2002：195）。

另外一种不同的网络广播形式是那些只存在于互联网上的广播：

> 这些是网络电台的自由攀登者，他们没有绳索的支撑或者束缚。他们正在探索网络广播与现有广播台不同的一面，试图寻找突破传统广播频谱和广播许可证的限制，使电台可以在不受上述限制的前提下同时播出的途径。（Priestman，2002：116）

在纯粹的互联网电台中，目标受众往往是志趣相投的小众群体。因为规模小，节目制作人充满热情，所以这些专业的网络电台可能会提供真正具有创新性的内容，而且比基于商业目标建立的电台更具有真正意义上的交互性。

由于互联网和无线技术以及它们的使用方式正在发生迅速的变化，因此很难对网络广播做出任何权威性的断言。随着无线网络的扩展，无线网络电台的便携性接收设备也在不断提高。汽车上安装的第一个网络收音机是在2000年制造的，自此之后，拥有无线网络的办公场所、校园、城镇或城市才成为普遍现实，这使得网络收音机突然很流行。对沃尔和另外一些学者来说，网络广播的互动潜力表明，它将在某些领域继续存在。未来可能是反映每个个体精确音乐品位的"定制"式节目，实现订阅付费。这可以通过使用高质量的数字音乐文件来实现。音频也在互联网上呈现出一种融合式的应用，例如社交网络（如"My Space"）中的音频内容可以与那些主要被用于看的图像结合起来使用。互联网社交媒体不需要取代网络广播，网络广播肯定会继续发挥其作用，对现有的商业和公共服务电台进行补充。未来最大的发展潜力和不确定性在于个人应用和定制式网络广播领域。

❓ 思考问题

1. 试梳理网络广播发展历史及其形态变迁。
2. 网络广播与传统广播的差异有哪些？试分析未来网络广播的发展空间。

➡ 延伸阅读

Priestman, C. (2002) *Web Radio: Radio Production for Internet Streaming*. Oxford: Focal Press.

van Selm, M., Jankowski, N. and Kleijn, B. (2004) 'Dutch web radio as a medium for audience interaction', in A. Crisell (ed.), *More than a Music Box: Radio Cultures and Communities in a Multi-media World*. New York: Berghahn. pp. 265-82.

Wall, T. (2004) 'The political economy of Internet music radio', *The Radio Journal: International Studies in Broadcast and Audio Media*, 2 (1): 27-44.

地方主义
Localism

> 地方主义是指某些广播电台所具有的明确的本地化特征，一般通过报道本地事件来体现。

从历史上看，广播是以地方现象的方式出现的。1920年匹兹堡的KDKA，可以说是世界上第一家电台，以100瓦的发射机和不到40英里的覆盖范围，提供地方性的服务。甚至强大的BBC也是1922年作为地方广播的一部分诞生的，直到1928年才变得更具区域扩展性。美国各地广播的发展和英国BBC的中心化，使得广播媒体越来越具有全国性，地方性色彩逐渐减少。最近，大西洋两岸媒体集团的发展进一步削弱了地方广播，尽管近年来有迹象表明广播的地方性又以社区和微广播的形式重生了。

"地方主义"一词越来越多地被用来描述具有积极意义但衰退的地方电台的特点。对于地方主义（或"本地化"），虽然监管机构，例如Ofcom出台了有助于我们理解的操作指南，但实际上它并没有明确对其进行定义。在一般或抽象意义的层面，电台的本地化是指电台的输出内容来自当地，反映当地社区的需要、兴趣和文化的程度。更具体地说，本地资源包括电台设有位于本社区的演播室和在本地制作的、以当地人为特色的节目。在内容方面，地方主义可以在当地新闻报道中显露出来。此外，地方天气和旅游新闻、地方事件和关于即将发生的灾难的信息、地方文化和体育事件的报道，也将有助于广播的本地化特点呈现。其他不太明显的特征，还包括当地人参与到节目中，并伴之以本地口音和方言。在多元文化时代，一个具有"地方主义"的电台，将反映社区、文化和声音的多样性。

英国地方广播发展经验可以追溯到 1967 年,以 BBC 地方广播为例,1973 年开始引入商业化的地方广播。虽然 BBC 引进当地电台来实现此处所描述的"地方主义",但这种"地方主义"只取得了部分成功。这 40 家地方广播,主要为 55 岁以上的工薪阶层和中产阶级中的下层群体提供可信赖的服务(Linfoot,2007:129)。除了受众面比较窄的问题之外,正如林福特(Linfoot)在其对三个地方广播社区的研究中所发现的那样,BBC 自身贵族化的声誉也会阻碍其与地方社区的交流:

> 社区和 BBC 之间的关系有时很不稳定。根据社区团体的说法,BBC 被认为是占主导地位的,有时具有胁迫性,甚至很疏远(无论是在地理位置上还是人为因素上),因此人们对 BBC 持怀疑态度。(Linfoot,2007:133)

美国商业电台提供了最重要和最具戏剧性的本地化的例子,这可以在最近一本关于此主题的著作名上体现出来(Hilliard and Keith,2005)。这本书①谈到的"兴起"说的是 20 世纪 50 年代,广播电视公司实际上放弃了广播业务,转而选择了电视这一耀眼的商机。到了 20 世纪 50 年代末,各地的分支广播几乎完全消亡了,但这并不意味着广播本身的终结。这种对 20 世纪 50 年代美国地方电台的描述,从业界层面上看是对地方主义的一种非常好的描述:

> 20 世纪 50 年代初,随着商业广播的地方分支电台的衰落,本地电台越来越多地参与到发源于当地的节目制作中。这些节目包括当地的音乐团体、由当地人组成的裁判组类节目和智力问答节目、与当地名人做的访谈和公共事务类节目、广播纪录片、广播故

---

① *The Quieted Voice:The Rise and Demise of Localism in American Radio*(Hilliard and Keith,2005),可译作《寂静的声音:美国广播电台地方主义的兴起与消亡》。——译者注

事记录(docudramas)①、与当地历史和议题有关的广播剧，以及以当地艺术家表演为特色的表演。电台不仅会针对社区的具体需要制作越来越多的节目，而且通过在当地制作越来越多的节目，使更多当地人参与到电台的运作中。(Hilliard and Keith 2005:56)

随着广播监管的逐步放松，大型媒体集团可以收购地方电视台，并使节目制作更为集中化，地方电台太平的日子没有持续太久。在大西洋两岸，里根和撒切尔政府的自由市场政策，开启了媒体所有权规则的自由化。不得不说，这有利于支持右翼政策的媒体大亨。1990 年的《广播法案》（英国）和 1996 年的《电信法案》（美国）都对地方化媒体发展产生了毁灭性的影响，内容制作和所有权上移至集团，只允许电台在名义上保持地方性质。1996 年的法案出台后，美国 11,000 家广播电台中的 4000 家被维亚康姆和清晰频道传媒集团等媒体巨头收购。由于媒体内容自动化输出的发展，以前的地方电台和具有本地化特色的电台，不再使用本地制作的节目和本地主持人，而是从遥远的媒体集团内容生产中心输送统一的节目和音乐。本地新闻和本地体育报道、本地天气预报、本地口音一道消失了(Hilliard and Keith,2005:79)。

英国本地内容的减少没有美国那么剧烈，部分原因是监管力量仍在起作用。英国通信管理局(2004)关于广播未来发展的文件建议：每个地方电台都应有一名全职记者，及时反映当地事件，并在该地区设立工作室。然而，英国商业广播采取了与其他国家商业广播相似的业务方式，网络和自动化（包括语音跟踪和自动播放列表）的使用让英国商业广播的本地化努力更像是对监管方的一种表面应付，而非做出真正的尝试去回应本地社区的需求。

广播地方主义的问题是一个复杂的问题。一方面，全球传媒集团出于商业需要几乎抹杀了媒体的地方性；另一方面，最近发展起来的社区电台和微电台均是对商业电台集中化和统一性的一种回应，互联网电台和播客现

---

① Docudramas 是纪录片中的一个种类，指那些无法直接记录的历史性内容，或者是过去发生的内容，如果不使用"记录"的方式，效果会大打折扣，在这种情况下，会采用角色扮演的方式重现当时的情景，或者以对话的方式呈现情景，用以体现"记录"现实的表现手法，达到记录"现实"的目的。——译者注

象也是本地来源或业余爱好者针对专业主流媒体的一种反应。对于那些认为地方主义是反对宣传主义、共和党支持的集中式商业广播堡垒的人群而言(Hilliard and Keith,2005:79),微型/社区广播运动和各种基于互联网的类似应用,确实带来了希望。

如果不对地方和社区广播的问题——社区本身的演变性质进行简短的思考,就无法讨论这个关键词。在20世纪50年代的美国,某个小镇也许是最具地方化色彩的电台发源地。然而,在21世纪,人们的地理流动性要大得多,接触到的国家和全球媒体也要多得多。举个简单的例子,全球体育品牌可能会资助报道基于地理位置上的本地球队,这就造成了多数本地人却可能对与己无关的曼联队发生了什么表现出更大的关心。当作为拥有共同利益的社区稳定的、具有共同价值观和利益的、由地理位置决定的社区变得不确定时,为其服务的媒体则会变得更重要。

思考问题

1. 全球化和广播地方主义之间有什么关联？对于广播发展产生了怎样的影响？
2. 请分析地方主义与社区广播之间的关联。

延伸阅读

Hilliard,H. L. and Keith,M. C. (2005) *The Quieted Voice: The Rise and Demise of Localism in American Radio*. Carbondale,IL: Southern Illinois University Press.

Ofcom (Office of Communications) (2004) *Radio – Preparing for the Future, Phase 1: Developing a New Framework*. London: Office of Communications.

Linfoot,M. (2007) 'Voices – sharing unheard stories on BBC Local Radio', *The Radio Journal: International Studies in Broadcast and Audio Media*, 4 (1-3): 125-40.

微型广播
Micro Radio

> 微型广播是美国广播发展的产物，一般使用低功率广播发射器，传播与主流媒体不同的信息。

135 无照广播在美国和英国是以不同形式出现的。20世纪60年代的离岸海盗电台一直是英国不受管制的广播最重要的表现形式；而美国的低功率调频电台，也被称为"微型广播"，一直被看作音频媒体与主流媒体对抗最重要的象征。

美国微型广播的历史一方面涉及被监管和抵抗已有广播电视机构（如国家广播电视协会和美国国家公共广播）的复杂叙事，另一方面被学者描述为"一个非常多样化的存在"（Riismandel，2002：426）。在这两个阵营之间是监管机构——联邦通信委员会，它在不同的时间节点内选择支持或者反对的立场。

那么，到底什么是微型广播？它为什么会存在？美国大多数商业电台使用调频广播，发射机的功率在1000瓦到10万瓦之间。发射机的功率越大，电台就越有可能在更遥远的地方被听到。然而，也有一些小型的，甚至便携式的发射机，花几百美元就能买到，使用不到100瓦，甚至低至1瓦的电力。这些发射机可能只能覆盖相对非常小范围内的听众，但它们在城市楼群环境下被广泛应用，很可能拥有成千上万的潜在听众。

从20世纪80年代开始，低功率调频广播的潜力就被一个非常松散和多样化的联盟注意到了，这个联盟通常被称为"微型广播运动"。

现代微型广播运动始于1986年11月25日伊利诺伊州斯普林菲尔德的政府廉租屋。107.1这一微型广播,以600美元的投入、1瓦特的发射频率,作为"黑色自由广播"(Black Liberation Radio)播出。经营者穆巴纳·坎塔科(Mbanna Kantako)是一名30多岁合法的非裔美国盲人,因为他觉得斯普林菲尔德的非裔美国人社区没有得到当地媒体的支持,于是创立了这家电台。(Adams and Phipps,2004:885)

这仅仅是无照微型广播迅速扩张的一个开始,是当时多种因素的产物。或许其中最重要的因素是商业广播的整合和集中。包括清晰频道传媒集团和维亚康姆在内的大型媒体集团将广播业务集中化运营,"对听众和社区来说,最终的结果是广播电台不能很好地反映当地社区,对当地新闻和事件尤其漠不关心……"(Riismandel,2004:424)。删除本地内容的同时,还伴以某种形式的审查制度,禁止部分民众收听收看广播电视节目,用里斯曼德尔(Riismandel)的话说,这是"压制不受欢迎和持不同政见的声音"。

微型广播得以发展的另一个因素是低廉、轻便的发射机日益普及。对于大多数潜在的广播机构来说,获得广播执照是极其昂贵的,这使得无执照路线更具有吸引力。此外,还有伯克利自由电台(Free Radio Berkeley)和微型电台的先驱斯蒂芬·保罗·杜尼弗(Stephen Paul Dunifer)的例子。伯克利自由电台于1992年4月在嬉皮士聚会上首次播出,包括反战信息、左翼政治观点和音乐节目。为躲避警察,这些播出设备有时候被装在背包里,从伯克利山播出。杜尼弗成为微型广播的改革者,对照互联网上的说明,出售低功率发射机。

20世纪90年代,一些被微型广播吸引的群体往往是那些被完全排除在媒体之外的人。例如,西班牙语社群拥有自己的语言、音乐品位和政治选择。克利夫兰的马兰塔电台(Radio Marantha)、圣克鲁兹自由广播电台(Free Radio Santa Cruz)和萨帕塔电台(Radio Zapata)都能够满足西班牙裔人的需求。位于加州萨利纳斯的萨帕塔电台主要由说西班牙语的草莓采摘者运营:电台播放来自墨西哥南部的音乐,同时也积极支持当地的反租金运动

136

（Walker,2001:223）。20世纪90年代的佛罗里达出现了积极兴办微型广播的热潮,这些电台是由基督教传教士、机车爱好者、右翼人士、希腊人、雷鬼乐①和嘻哈音乐爱好者创办的。

纵观微型广播短暂的发展历史,它曾受到传统广播电台的强烈反对,包括商业广播和美国国家公共广播。这些机构曾敦促联邦通信委员会禁止微型广播,并且不要为它颁发营业执照。毫无疑问,他们的论点就是没有执照的电台会对拥有执照的电台造成干扰,同时也是为了保护自己提供的服务。尽管这些拥有执照的电台不断游说,但是2000年联邦通信委员会还是为使用10、100、1000瓦发射机的低功率广播服务颁发了执照。联邦通信委员会的行为与2002年英国通信管理局推动社区广播的行为颇为相似,都反映了人们对广播本地化衰落和主流媒体多样性减弱的关注。微型广播和社区广播都具有为麦克风带来不同声音的潜力。正如里斯曼德尔所陈述的,"美国广播同质化的泛滥和多样性的缺乏,其表现就是缺少不同声音、口音和方言"(2002:427)。微型广播,无论有无执照,很明显都具有使广播更加多样化的潜能,而不是一个我们仅能听到专业广播人士的声音或是经过编辑和控制参与者表达的电台。

❓ 思考问题

1. 为什么政府监管微型广播的同时又为其颁发执照？其社会作用和价值是什么？
2. 微型广播与社区广播之间有何异同？

➲ 延伸阅读

Adams, M. and Phipp, S. (2004) 'Low-power radio/microradio', in C. Sterling (ed.), *The Museum of Broadcast Communications Encyclopedia of Radio*, Vol.

---

① 雷鬼(Reggae),是西印度群岛的一种舞曲,尤指牙买加的多种舞曲的总称。——译者注

2. New York: Fitzroy Dearborn. pp. 885-7.

Riismandel, P. (2002) 'Radio by and for the public: the death and resurrection of low-power radio', in M. Hilmes and J. Loviglio (eds), *Radio Reader: Essays in the Cultural History of Radio*. New York: Routledge. pp. 367-88.

Walker, J. (2001) *Rebels on the Air: An Alternative History of Radio in America*. New York: New York University Press.

海盗电台
Pirate Radio

> 海盗电台属于没有执照的广播，主要与20世纪60年代英国历史上离岸电台这一特例相关。

137   "海盗电台"这个词表明了广播爱好者坚定但非法的浪漫情怀，他们传播与枯燥主流媒体不同的令人兴奋的另类信息。这种浪漫的典型化代表，是20世纪60年代出现的著名的英国离岸海盗电台。这一电台实际上是从颠簸在北海上的船只发送信号，输送到众多青少年听众的卧室里。

     斯特里特这样定义海盗电台：该术语指那些违反许可证管制的音频广播形式，既包括信号发出方，也包括信号接收方，或两者兼而有之（2006b：206）。英国和美国都有很多这种海盗形式电台的案例，但本书中将海盗电台视为一种特别的英国广播现象，主要与英国20世纪60年代离岸电台以及近期位于市中心的非法电台有关。如此，本词条的含义不包括"边境广播"和"微型广播"；这两个词条将单独进行讨论。"边境广播"指的是墨西哥的电台，通常有极其强大的发射机，从20世纪30年代到80年代覆盖到美国境内（有时甚至远至芝加哥）。这些电台可以在美国被收听到，糅合江湖庸医的广告、地狱传教士以及一些首播的乡村和摇滚乐节目的奇怪内容组合。1963年，传奇DJ狼人杰克首次出现在边境电台XERF的一档节目中，该节目的特色是播放摇滚和蓝调音乐，以及沃尔夫曼的"超级DJ"人设。边境电

138   台一直被称为"逍遥法外"的电台，但"海盗"一词似乎特别适合英国广播。因此，尽管边境电台和20世纪60年代的英国海盗电台有明显的相似之处，但把"海盗"一词应用到后者更好。

20世纪30年代的英国,BBC仍是一家垄断公司,除了那些在欧洲提供英语商业服务的电台外,没有其他竞争对手。在众多电台中,只有卢森堡电台从技术上而言是海盗电台,因为它非法使用分配给华沙电台(Warsaw Radio)的波长,而其他电台,如诺曼底电台(Radio Luxembourg)和图卢兹电台(Radio Toulouse),在欧洲和英国都没有违法(Street,2006a:206)。英国当时有许多非法的广播台,主要是业余爱好者继承了源自一战前的业余广播的传统。杰拉尔德·巴克(Gerald Barker)以"老海盗"的身份在诺维奇从事非法广播,1934年被关闭,这也许是这一术语的来源(Skues,1994:14)。

二战后,BBC的垄断地位仍在继续,但彼时已有三家电台(国内台、轻松娱乐台和第三台)为听众提供更多的选择。多种因素共同作用下,离岸海盗电台在英国广播发展中成为一个极其成功的案例。20世纪50年代和60年代初,英国的社会风气发生了一些变化:旧有的顺从式的价值观正在失去控制,一种更加宽容和自由的风气盛行。《傻瓜秀》(Goon Show)节目取笑了英国的建制和传统;电视中的《那是"那个"星期》(That Was the Week That Was)节目充满争议地讽刺和嘲笑了保守党政府成员。BBC在很大程度上是无法播出英国青年想听的新摇滚乐和流行音乐的,限制"唱片播放时间"(播放唱片的总时长)是BBC和音乐家联盟协商的结果,此外,传统的BBC管理人员对新的音乐没有什么好感,这使海盗电台的存在成为最后一个可能,因为英国的司法管辖权在离岸3英里的地方终止了。斯特里特描述了这段广播的历史:

> 1964年3月29日,星期天,卡洛琳广播电台(Radio Caroline)由一位年轻的爱尔兰企业家罗南·奥拉希里(Ronan O'rahilly)在距哈威奇5英里的国际水域进行了第一次广播。随后,此类电台的爆炸式发展从根本上改变了英国青年音乐广播文化的进程,并最终促使BBC在1967年创建了另一个电台。这是一种美国式的、由DJ主持的流行音乐电台,这种风格在英国基本上闻所未闻,直接与BBC战后电台政策冲突。(Street,2006a:202)

139　　卡洛琳电台开播时播放了滚石乐队的《真爱长存》(Not Fade Away)。一个月后,亚特兰大电台成为第二个非法广播电台,1964年这两家电台都被伦敦电台收购了。鼎盛时期有21家非法电台,为渴望听到新音乐和具有美国DJ主持风格的听众播放音乐节目。杰出的英国广播DJ约翰·皮尔是伦敦广播的一名DJ,之前在美国从事文字工作(在他未完成的自传中,皮尔描述了夜晚穿越得克萨斯州时收听墨西哥边境的狼人杰克主持的节目)。他在午夜节目《芬芳花园》(The Perfumed Garden)中播放美国摇滚乐,包括感恩而死乐队、杰弗森·艾尔西普(Jefferson Airship)和弗兰克·扎帕(Frank Zappa)等。毫无疑问,海盗电台对英国DJ来说是一个发展他们个人风格的重要机会。主持人皮尔就以无视播放列表而播放自己喜欢的、不拘一格却有预见性的音乐而闻名。他还以不讨论音乐的方式在家中完成离线录音。另一位海盗电台的传奇人物是肯尼·埃弗雷特(Kenny Everett),他也在伦敦广播电台(Radio London)工作,他因在节目中创造性地使用提前录制的内容而成为此类节目制作方式的先驱人物。

　　1967年8月14日实施的《海船等,广播(非法)法案》[Marine etc., Broadcasting (Offences) Bill]突然终止了海盗电台,该法案的标题很奇怪,实际上禁止了海盗电台。与此同时,BBC成立了新的流行音乐台BBC广播1台,它系统地雇用了许多盗版电台的明星DJ,包括皮尔和埃弗雷特。

　　此后,BBC广播1台和英国地方广播的发展,包括BBC地方广播和商业广播,很快填补了海盗电台消失后留下的空白。然而,还有一部分海盗电台的形式有所复苏,通常播放以伦敦城市少数族裔社群文化为支撑的嘻哈音乐和都市音乐。2005年起,有些海盗电台因社区广播的发展而成为合法电台。一个从海盗电台转变为合法电台的例子是Kiss FM,这个电台在20世纪80年代中期属于海盗电台,但之后获得了营业执照,现已成为伦敦最成功的音乐电台之一。

　　海盗电台在广播历史进程中是非常重要的一例,它见证了广播如何摆脱管制和BBC限制政策的束缚,使一种新兴的、革命性的音乐广播和新闻广播的诞生成为可能。从历史的角度看,海盗电台是推动广播改变的催化剂。边境广播成为美国乡村乐、蓝调和摇滚乐广播的先驱,英国的海盗电台也成为20世纪60年代以青年为主导的流行音乐广播发展的基础。在这里有必要简单提一下非洲的非法广播电台,仅举一例:在西非国家马里,20世纪90年代民主化时期有几十家非法电台,目标听众是大量没有文化的底层人民。即使有的非法广播关闭了,但它们促进了合法的社区广播的创建。最后再一次强调,非法广播为合法广播指明了发展的道路。

❓ 思考问题

1. 从广播史发展的角度看,海盗电台存在的价值和意义是什么?请结合海盗电台诞生和存在的历史环境展开分析论述。

2. 为什么说"非法广播为合法广播指明了发展的道路"?请谈谈你的看法。

➡ 延伸阅读

Skues, K. (1994) *Pop Went the Pirates*. Sheffield: Lamb's Meadow Publications.

Street, S. (2004) *Crossing the Ether: British Public Service Radio and Commercial Competition 1922 −1945*. Eastleigh: John Libbey. pp. 195-215.

Wall, M. (2004) *John Peel*. London: Orion.

管制
Regulation

> 管制是指政府机构控制广播的各个方面,包括无线电频谱的分配、节目内容和电台所有权。

"管制"这一词条和最近的"放松管制"趋势主要与商业广播联系在一起,特别是与英国和美国广播的长期管制历史联系在一起。我们有理由问一问,为什么必须对广播进行监管?例如,英国媒体似乎几乎完全不受政府干预和监管的控制,那么为什么商业广播要受到控制呢?类似地,全球除了一两个君主专制国家之外,我们可以在互联网上看到我们想知道的任何东西,可以说互联网是一个几乎不受监管的媒体,而广播的理念、资金、内容、所有权、多样性、位置和模式都一度在某些时间段内受到严格控制。

正如试图揭开广播本质的过程中经常出现的情况一样,通过观察最早的无线广播形式,我们可以找到部分答案。美国和英国的无线电监管源于两个主要问题:首先,无线电波是一种有限的资源,因此需要对其分配采取某种控制;其次,广播是一种潜在的、重要的、有影响力的媒体,因此需要对广播的播出内容和由谁广播进行某种控制。希尔姆斯在对战前美国广播电台的描述中强调,广播对于众多不同的参与者和机构而言十分重要。广播是20世纪美国文化转型的核心,如果说政府的干预有什么意义的话,那就是增加了它的重要性。

作为政府管制的公共领域的延伸,广播机构的创立赋予了"收听"比看电影或阅读流行杂志更有分量和影响力的体验;负责教育和

文化提升任务的半公立机构地位使它与其他官方机构,如学校、教堂和政府处于一个标准层面。(Hilmess,1997:6)

英国对广播重要性的认识通过 BBC 首任总经理约翰·瑞斯的思想和政策以及其对"公共服务广播"的系统规划得以体现。广播不仅仅是娱乐和信息的无线传播工具,也是一种提高知识、品位和言行举止的文化、道德和教育力量的公共服务形式,如果这还不够的话,它还具有"团结各阶级民众的作用",并且"具有帮助构建一个明智、开明民主社会的巨大潜力"(Scannell and Cardiff,1991:7)。毫无疑问,英国广播已经完全被制度化为一种国家主体(一家公营"公司"),由国会授权,成为税收支出的对象,并以税收支付其费用(执照费),也接受国会批准特许状更新和委员会的定期调查。美国的管制采用了"广播共识"的方式,即大型、独立的各广播台既关注政府的意愿,同时也照顾到受众的需求(Hilmes,1997:7)。分配广播波长的日常业务由联邦广播委员会(Federal Radio Commission,1927—1934)负责,之后由联邦通信委员会负责。

联邦通信委员会的历史可以被看作对美国文化态度转变的一种很好的反映。战前的监管机构认为,公众日益对这些广播网(NBC、CBS 和 ABC)的实力感到担忧。这也延伸至对跨媒体所有权的担忧:1939 年,三分之二的美国公众从广播中获得新闻,全国三分之一的电台由报纸所有。鉴于纳粹宣传机器在德国的崛起,当时对媒体所有权集中的担忧是可以理解的。联邦通信委员会监管的另一个特点是一系列被称为"公平原则"的政策指导方针,鼓励电台报道政治问题,同时表达对这些问题的不同意见。20 世纪 20 年代到 80 年代末是放松管制的鼎盛时期,公平原则被用来鼓励公众辩论,并且在报道中保持平衡。在广播的政治报道中,联邦通信委员会试图对"平衡"和"公平"进行管控,包括采用高度干预"人身攻击"的规则,当有人申明在广播中遭受攻击时,要通知电台关注这种"攻击",并"要求电台提供播出的文本、录音磁带,或提供关于攻击的精确描述,并为被攻击的人提供一个合理的机会在同一家电台进行自由回应"(Kang,2004:564)。有趣的是,美国关于平衡和公平以及如何实现二者的辩论,与 BBC 关于"公平"问题的讨论如出一辙。"平衡"到底意味着什么？在大西洋两岸给予一个政党或观点的时间是否应该与反对党相同？

监管不仅涉及频谱分配和政治覆盖，也包括防止色情内容的传播。1937年12月，以淫荡和性挑逗著称的好莱坞明星梅·韦斯特（Mae West）在广播中表达了几句带有性暗示的内容，这使其第一次也是唯一一次出现在NBC的《蔡斯与桑德森时刻》（*The Chase and Sandborn Hour*）节目中。在节目喜剧小品部分，韦斯特扮演幻灭的夏娃，"这个伊甸园的滑稽短剧中充满了内在的暗示，强调了女性对性爱经历的渴望，以及夏娃为了愉悦的目的而放弃童贞的积极热情"（Murray, 2002: 137）。公愤随之而来，主要来自宗教团体，NBC宣布韦斯特是一个"不适合在广播中出现的名人"，接下来的12年时间她再也没有出现在广播节目中。这种监管是由电台本身施加的，联邦通信委员会没有进行干预。也有一些美国公众真正担心的问题是，广播正处于被过度"净化"的风险中：数以百计写给联邦通信委员会的信件公开支持梅·韦斯特，电台的权利被挑战（Murray, 2002: 138）。

英国商业广播始于1973年，并立即受到英国独立广播管理委员会（IBA）的监管。监管机构认为，新的商业广播要提供平衡信息、教育内容、娱乐内容、高标准和精确的新闻，要公正，"避免对好的品位和庄重风格的冒犯"（IBA, 1989: 3）。这些要求十分严苛，变革之风开始反对国家对于广播的管控，反对之声在电视领域更为普遍。20世纪70年代中期以来，英国和美国施行自由市场或"新自由主义"政策。1979年，玛格丽特·撒切尔当选英国首相，1980年，罗纳德·里根当选美国总统，预示着大家熟知的国家监管的终结。

英国的《广播法案》取消了对所有权、节目内容和多样性的限制。很快，拥有多家电台的大型媒体公司开始购买这些小型的地方电台，并强加给受众这些规范化的、联网化的、高度格式化的电台服务模式。事实证明，不再受到要求本地化和多样性内容的管制限制，像大西方广播（Great Western Radio, GWR）这样的公司很容易收购30多家电台，然后与首都广播集团（Capital Radio Group）合并组建成大西方&首都媒体集团（GCap Media）。同样，随着地方所有权规则和地方主义要求的逐步消除，美国20世纪80年代的放松管制趋势越发明显。1996年的《电信法案》最初旨在防止广播垄断危险的反垄断规则和对广播电台所有权的限制已经结束。该法案通过后的两年内，美国11,000个广播电台中的4000个已被售出。广播行业发生了前所未有的整合态势，几乎压倒了在曾经高度多样化的行业发展中所倡导的多样性和地方主义理念：

> 虽然放松管制允许清晰频道传媒集团在全美范围内收购陷入困境的广播电台，但新的所有者往往通过削减成本来追求盈利，而不是采用独特的内容来吸引听众。因此，当地的广播电台通常由少数几家公司主导，提供打包的同质化的广播服务。（Andy Sullivan, in Hilliard and Keith, 2005: 73）

尽管在限制所有权和广播不平衡的努力中，监管有时会出现阻碍发展和官僚主义问题，但取消监管则意味着广播落入极少数公司之手（它们倾向于一套类似的政治信仰）。

美国放松管制的另一个影响是对公平原则和淫秽规则的放松。确切地说，1987年，联邦通信委员会宣布不再执行公平原则，因此，那些以"耸人听闻"标新立异的电台谈话节目主持人可以在很大程度上宣扬反自由和右翼信息，而不需要任何"平衡"。霍华德·斯特恩对"福利女王"（welfare queens）和"流血的心"（bleeding heart）自由派人士的攻击，尤其令人难以忍受。尽管反政府、反移民，斯特恩是一个比他第一次出现时更加矛盾和复杂的电台从业者（Douglas, 1999, 302-309）。他的自由意志主义和打破禁忌的决心确实让他在联邦通信委员会那里惹上了麻烦，但随后他重新塑造了自己的人设，成为反对联邦权威的《第一修正案》（First Amendment）的斗士。放松管制，加上更活跃的广播市场，以及卫星广播为节目内容销售创造机会，大量谈话类电台诞生了。正如道格拉斯所指出的，具有讽刺意味的是，谈话电台的参与性精神，即挑战权力中心的感觉，一定程度上是放松管制和将媒体所有权集中在极少数人手中的结果，"民粹主义和分享参与是电台的某种公众形象，这实际上掩盖了经济集中度的提高和除行业本身非常富有的人之外所有人进入壁垒的提高"(1999:293)。

针对广播管制的论述,必然会遗漏很多东西。这是一个宏大的主题,看起来触及了广播行业的核心。这里再谈一两点对于理解广播监管比较重要的问题。广播史中包含了不胜枚举的有关广播行业之外的人和爱好者的例子:"远程无线电通信爱好者"(DXer)、"无线运营商"(sans-filistes)和"海盗电台"等,这些概念都是用来表述那些制作和传播广播内容,但却处于合法广播体制之外的力量(参见"海盗电台"词条)。美国一战前后和20世纪20年代早期的这些业余广播,最终不得不让位于有执照和受监管的广播电台。法国的广播粉丝们(或称"广播爱好者")一直活跃到20世纪30年代中期。当然,将海盗电台和业余广播爱好者电台赶出广播领域一直是广播监管机构的职责,但近年来,这一职责的作用也随着监管放松而发生了很大的变化。美国和英国的监管机构向社区团体展现了发展小规模电台的前景。美国联邦通讯委员会迫于社会压力,为因人数不足而不具有代表性的社会群体发放了低功率调频牌照,从而在1996年后的商业广播的荒原上允许更多不同的声音出现。然而,一个更鼓舞人心的例子是,英国广播管理局(Radio Authority)在全英国建立了社区广播电台(该政策随后由新的监管机构Ofcom制定)。正如美国联邦通信委员会一样,英国监管机构也受到了影响,希望创建一个除公共广播和商业广播之外的"第三条道路"的广播,这源自垄断所带来的商业广播同质化的压力。有证据表明,监管不是对发展机会的限制,相反它可以成为刺激市场所不具备的丰富性和多样性的代理人。对于电台制作人和学生来说,监管与无限制的商业主义之间的争论无疑将继续成为这场争论的源头,这场争论将触及广播媒体的核心问题。

❓ 思考问题

1. 为什么要对广播行业实行监管?英国广播的监管体系如何发挥作用?

2. 为什么"监管与无限制的商业主义之间的争论""将触及广播媒体的核心问题"?

◉ 延伸阅读

Kang, S. (2004) 'Fairness Doctrine: controversial issue broadcasting policy', in C. Sterling (ed.), *The Museum of Broadcast Communications Encyclopedia of Radio*, Vol. 2. New York: Fitzroy Dearborn. pp. 563-6.

Murray, M. (2002) '"The Tendency to Deprave and Corrupt Morals" Regulation and irregular sexuality in golden age radio comedy', in M. Hilmes and J. Loviglio (eds), *Radio Reader: Essays in the Cultural History of Radio*. New York: Routledge. pp. 135-56.

Hilliard, H. L. and Keith, M. C. (2005) *The Quieted Voice: The Rise and Demise of Localism in American Radio*. Carbondale, IL: Southern Illinois University Press.

传输
Transmission

> 传输是指无线电波通过电磁波谱中分配的频率从发射机被发送到广播接收设备。

广播的历史和现状都与传输技术水平有着密切的联系。今天,至少在英国,仍存在对数字广播和数字传输的发展积极的争论。当前常用的调频广播服务会被数字电视、互联网或 DAB 这些平台上的数字广播取代吗?未来广播如何传输,广播如何或者在哪里可以被接收到(计算机、广播接收终端、汽车、移动电话等),这些问题对于要延续广播作为一种媒介至关重要。

模拟信号广播在可用的频谱范围内使用不同的频率。对于非专业广播者(包括本书的作者)来说,广播传输的技术方面基本上超出了我们的理解能力。确切地说,直播间的话语如何转换为电波、通过电波如何传送至收音机、之后又如何传递回话,这种技术刚发明的时候就引起过很多人的好奇,直到今天对大部分人来说仍然是一件神秘的事情。然而,有些基本概念还需要了解,以理解广播发展的技术。模拟广播(或非数字广播)使用三个主要的频率:调幅、调频和短波。在英国,中波和长波是调幅方式的一种。随着广播的普及,调幅方式主导了广播 50 多年的历史,直到 20 世纪 60 年代才逐渐被调频替代。

留存下来的短波,尽管是广播的一种小众模式,但很值得思考。20 世纪早期,广播业余爱好者(或者叫"远程无线电通信爱好者")被美国监管机构驱逐,它们被认为是一种无用的更高的频率。然而,事实证明,在更高的频率下,可以听到从世界各地传来的声音。正如马可尼(Marconi)在 21 世纪初发现的那样,短波无线电信号从地球上空 50—100 英里的电离层底部发生反弹。短波这种横贯大陆的传输能力吸引了政府的注意,政府希望能够借助短波实现其宣传目的。比如,二战后英美和苏联都提供短波的国际广播服务,这几个国家的电台都因短波具有能够向特定地区传播并向那里的人们传输目标信息而获益。至今 BBC 全球服务(BBC World Service)和莫斯科广播(Radio Moscow)仍保留了短波服务,但在其他频率和传播平台上,数量已经少了很多。

截至 1940 年,美国拥有约 600 家广播电台,都是调幅广播,基本上大城市中有 12 家左右,小城镇有一两家。调幅广播在夜间的信号质量很差,美国乡村甚至还没有夜间广播服务(Kelly Huff and Sterling,2004:84)。这种状况直到使用甚高频广播(VHF)①才得到改善,最终的改变是调频广播的出现。调频传输技术在 20 世纪 30 年代的美国已经发展起来。与调幅和短波不同,调频传输在传输天线和广播接收装置之间是有"瞄准线"(line of sight)的。地球表面的弧度将调频传输的最大距离限制在大约 65 英里以内,具体传输距离还有赖于地势和传输天线桅杆的高度(Sterling,2004b:602)。但是调频最大的优势在于声音质量,无论白天或黑夜信号都不再受到干扰。为达到调频最佳品质,诸如最佳声音品质(特别是对于接收者而言的高品质)和覆盖本地区的能力,人们还是花了一定的时间去探索。调频广播的覆盖范围可以通过改变发射器的功率来控制。一个 100,000 瓦的发射器能覆盖半径 65 英里的地域;50,000 瓦能达到 45 英里,3000 瓦则能达到 15 英里。低功率发射器,最小值 1 瓦只能覆盖一个小区(参见"微型广播"词条)。有关本地广播或社区广播的技术直到 20 世纪 60 年代才出现。

1940 年,美国拥有 15 家调频电台,到了 1942 年,美国有 40 万台收音机能够接收调频广播信号。1945 年,调频所使用的频率与今天的频率一致。这使得任何单一的、过时的调频接收装置被放弃,调频的进一步扩张成为可

---

① VHF 是 Very High Frequency 的缩写,即甚高频,是指频带从 30MHz 到 300MHz 的无线电电波,波长范围为 1—10m,多数被用作电台及电视台广播,同时又是航空和航海的沟通频道,也叫超短波或者米波,引自百度知道 https://zhidao.baidu.com/question/443543745.html 2019.07.29。——译者注

能。战后调频广播迅速发展,但也主要用于调幅电台的同步广播(同时在调幅和调频上播放相同的节目)。单一的调频电台难以吸引广告客户,大范围同播广播的广泛使用不鼓励消费者购买单独的调频收音机。20 世纪 50 年代,调频在美国的发展不容乐观。改变这一局面的部分原因是道格拉斯所说的调频和摇滚乐的联姻(1999:275)。20 世纪 60 年代的反主流文化发展中,调频成为前卫摇滚广播的频率和它们极其散漫、富有个性的 DJ 的选择,发展出一种被称为"自由模式"的调频风格(Douglas,1999:13)。道格拉斯认为反主流文化热情接纳调频广播的一个原因是,他们使用了扩张意识的药物,"大麻和致幻剂的使用,提升了他们对声音内容清晰度和丰富性的欣赏需求"(1999:269)。

英国 BBC 在发展调频新技术方面进展缓慢。然而,到了 1960 年,已经有 20 个调频发射装置(Street,2002:105),尽管公众还不愿意为调频的接收付费。在美国和英国,随着音乐广播的发展,特别是摇滚乐和流行音乐的发展,加上调频收音机的价格逐渐下降(特别是小型便携式晶体管收音机),促成了调频广播的发展。在英国,BBC 的地方广播和 1973 年开始的商业广播,都是在调幅和调频上同步播出的,因此调频接触本地受众的能力被挖掘了出来。到了 1979 年,美国调频的听众规模超过了调幅,调幅频率越来越多地被应用在新闻和广播脱口秀中。

英国数字广播于 20 世纪 90 年代中期通过一系列平台被引入,DAB 出现在数字电视、互联网和使用甚高频的平台上。1995 年,BBC 推出了数字广播(Street,2002:131),提供其所有现有的服务。在 BBC 广播公司总经理看来,这是一个"历史性的时刻":

> ……这是第三代广播的黎明——从调幅(现在 100 岁)到调频(现在 50 岁)的技术进步,进入 21 世纪的数字多媒体世界。消费者通过简便、易用的接收装置将获得一个极为优质的声音、一个不衰减的信号和一系列新服务。(转引自 Street,2002:131)

在撰写本书时,英国 DAB 接收终端的价格已大幅下跌,收听 DAB 服务的受众人数也在稳步增长。BBC 仍然坚定地支持 DAB 在英国的发展,提供像音乐 6 台那样的纯数字服务。BBC 和监管机构英国通信办公室预计,最终将关闭模拟广播。不过,没有从许可费收入中受益的商业广播公司对此则持更为怀疑的态度。数字广播虽然有一些强大机构的支持,但下一代传输技术——使用无线技术的便携式互联网接收装置——正在日益削弱数字广播的影响力。由于城镇和城市能够大面积通过无线互联网连接,因此互联网广播正逐渐成为调频和 DAB 的真正替代品(参见"媒体融合"词条)。

思考问题

1. 梳理广播传输技术,分析技术更迭对广播受众和广播节目形态的影响。

2. 你如何看待"互联网广播正逐渐成为调频和 DAB 的真正替代品"?

延伸阅读

Street, S. (2002) *A Concise History of British Radio*, 1922 – 2002. Tiverton: Kelly.

Sterling, C. (2004) *The Museum of Broadcast Communications Encyclopedia of Radio*, Vol 1-3. New York: Fitzroy Dearborn.

Douglas, S. (1999) *Listening in: Radio and American Imagination, from Amos 'n' Andy and Edward R. Murrow to Wolfman Jack and Howard Stern*. New York: Random House. pp. 256-83.

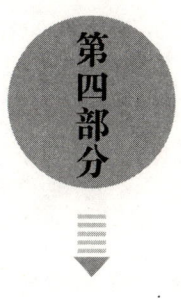

第四部分

政治和公共空间

时事报道
Current Affairs

> 时事报道是广播语言类节目形式之一,提供关于新闻的评论和分析。

"时事报道"一词主要用于英国广播而非美国。美国广播和电视传统上把新闻和对新闻的评论(或"新闻分析")视为一体或者类似的。在英国媒体的背景下,一般要区分新闻和时事(尽管会出现二者的结合,例如广播新闻杂志类节目),同时也要区分更多具有分析性、与时事报道更为接近的新闻与纪录片(参见"广播纪录片与广播专题节目"词条)。英国电视制片人杰瑞米·艾萨克(Jeremy Isaacs)总结的新闻和时事之间的区别十分透彻,"如果新闻服务的工作是告诉我们在任何特定时刻发生了什么事,那么时事报道的工作就是帮助我们理解发生了什么"(转引自 Holland,2006:xii)。在讨论 20 世纪 50 年代的纪实电视时,苏敏(Thumin)认为纪录片"是比时事更直接的描述类别",并指出时事具有"总体上流动变化的特性"(2004:44)。她还提到了在表达版本上二者呈现出"硬"和"软"的区别,前者主要涉及政治、经济和外交事务等话题,后者则涉及婚姻、健康、犯罪、消费者问题,甚至名人和娱乐圈等"软"话题。

英国新闻的"事实"和时事的"观点"之间的区别可以追溯到 BBC 早期的组织机构划分。BBC 的第一任经理兼总主管约翰·瑞斯不得不与政府进行斗争,以允许 BBC 播出任何有关"争议"的内容。可以理解,当时人们对广播这种不可思议的新媒体介入政治世界是感到焦虑的。但 1928 年,禁令被部分解除,BBC 被允许报道当时的政治话题。

定义时事报道不是件容易的事,我们认为新闻的很多内容都包含明示或暗示的评论。纪录片和专题片也可能包含对新闻的评论。就英国的情况而言，很早就有人考虑过新闻与评论的结合问题，这可以追溯到20世纪30年代对广播媒体"谈话"节目的思考。这种考虑的延续是，1935年BBC创立了新闻和谈话两个分立的部门（因此新闻报道和新闻评论也分开了），因为担心评论和分析会影响新闻对事实报道的纯度，从而伤害BBC的立场。正如斯坎内尔和卡迪夫所言，"报纸将'新闻'从'谈话'中分离出来，视作BBC对'托里党（保守党）激进主义怀疑的回应'"（1991:118）。实际上，20世纪30年代的"时事问题的讨论"鲜少涉及政治问题的报道，如果涉及也是以最谨慎的方式讨论政治问题。BBC内部尤其谨慎，他们认为如果广播谈话涉及日益加剧的国际危机，将会冒犯到其政治领袖，而针对斯坎内尔和卡迪夫那段历史时期的主要问题之一——失业问题的处理，往往倾向于道德说教，而不是批判性地审视问题的根源。

时事报道作为一种广播独有的节目形态出现，源自二战后的英国人十分缺少对社会恭顺的态度，当时人们无论对新闻还是评论都表现出日益增长的渴望趋势。就电视领域而言，像BBC的格蕾丝·温德姆·戈尔迪（Grace Wyndham Goldie）这样的先锋人物推出了许多杰出的电视节目，包括BBC的"旗舰"时事节目《广角镜》（*Panorama*）和ITV的《行动中的世界》（*World in Action*）、《这一周》（*This Week*）。正如霍兰德所指出的那样，电视时事报道的作用不仅仅是对她所说的"对理解现实的渴望"的回应，也能促进民主的参与，在英国政府机构的耳边发出"愤怒的嗡嗡声"（2006:xiii）。对于研究广播的学生而言，可以从很多电视时事报道的案例中学习重要的经验。很明显，对于时事报道这一节目类型，电视和广播版本有相似之处。采用深入的政治访问、记者深入现场、演播室中的讨论、话题的抛出或者主持人的引导，所有这些都可以在广播和电视时事报道的案例中被发现。然而，20世纪末，时事报道在电视中似乎正在走向没落，在广播中这种节目形态的发展则十分令人鼓舞。

巴奈特（Barnett）和西摩（Seymour）为高质量电视运动撰写了一篇题目很形象的报告《一座缩小冰山正在向南移动》（*A Shrinking Iceberg Travelling South*）。在报告中，他们总结了他们眼中英国电视时事报道所处的危险状

态。他们认为电视剧越来越谨小慎微,缺少探索精神:

> 时事报道节目更多地强调国内报道、消费者报道和收听率高的选题,牺牲对外交事务、北爱尔兰或更复杂的政治和经济问题的报道。对时事报道也更倾向于感性的或以图片为导向的处理方式,牺牲更多的分析或调查研究类的节目内容……这类电视节目类型有一种植根深处的危机感。(1999:5)

他们也感叹"硬"时事报道的减少,这些"硬"时事报道被他们定义为与"政治、工业和国外事务"有关。一脉相承的是,霍兰德在她描述ITV《这周》节目的崛起与没落一书中,也提到了电视对传统时事报道的"实质上抛弃"状态。

那么,广播的情况怎么样? 在讨论BBC广播4台"知性主义"优点时,克里斯尔认为在报道和分析新闻时,广播媒体的"非视觉"特性有其非常独到的优势(2004:9),因为广播媒体在时事报道中只能使用语言,而不是与所报道事件有关的图片。对于克里斯尔来说,这是一个优势,因为"广播,至少有潜力,是一个比电视更'理智'的媒体,电视的文字往往会被图像所淹没"。图像有时候是误导人的(他用2001年9月11日两架飞机撞向双子塔坠毁的无休止重复的影像作为例证),因为图像更多唤起的是情感或非理性的反应。因此,也许正是源自这种理论上的优势,广播媒体相对于易分散注意力的、令人眼花缭乱的视觉影像而言,更能保持表达上的自由,使得时事报道在广播中生存下来。

BBC广播4台的《今日》节目在整个英国的广播电视界是非常著名的、最重要的时事报道节目的幸存者,可以说是英国广播或电视中最重要的时事节目。该节目源自1957年《流动的人们》(*People on the Move*)这档相当"轻松"的杂志类节目,节目最初的设想是,这个"晨间杂录"将包括对戏剧和唱片的评论、服装和时装信息、天气预报、个人故事,当然也包括更严肃的工业和国外事务的报道。在《今日》节目第一个四十年的发展历史上,多诺万(Donovan)描述了20世纪60年代这档节目的主持风格有一点儿古怪,后来逐渐走向作为"精英阶层不可或缺的警铃,对公众生活感兴趣或者卷入其中的那些人耳边的三股合一的鞭子"(1998:192)。近年来,约翰·汉弗莱斯(John Humphrys)成为这档3小时新闻和时事杂志类节目的主要主持人,他通常在上午8点10分,以他那出了名的"大男子主义"风格拷问政客,以20分钟的访谈来开始这档节目。毫无疑问,《今天》是一档以提供新闻和时事报道为主的、非常重要和有影响力的节目,而且不会违反禁止BBC像报纸那样发表"社论"的规定。

154　　广播时事报道也在BBC的其他节目中幸存了下来,比如《分析》(Analysis)这档充满理性、单一主题的报道节目,以及《独家报道》(From Our Own Correspondent)这档来自世界各地的调查反思类节目。正如我们在本词条开头所指出的,广播时事报道并不总是容易被识别出来。其"一般的界限"是不确定的,很明显,听众对政治问题的理解能力可以通过好消息或时事报道类节目,还有热线电话节目、广播纪录片,甚至更多的实验性节目获得提高。摩尔(Moore)对北爱尔兰BBC广播服务、BBC广播阿尔斯特(BBC Radio Ulster)及其在20世纪90年代末参与北爱尔兰的政治形势进行了考察,"对于大多数在北爱尔兰的人来说……对于推进政治和文化价值而言,不是电视台而是电台发挥了最大的作用"(2003:88)。这家电台有一个常规的早间时事报道类节目《早安阿尔斯特》(Good Morning Ulster),还有一个热线电话节目《对讲》(Talkback),可以表达该省当时特有的相当极端的宗派观点。特别令人感兴趣的是阿尔斯特电台的"遗产"类系列节目,该节目在1999年全年播出,以那些卷入北爱尔兰臭名昭著的"麻烦"的人的两分钟证词为特色。很难将这档节目定义为时事报道,但同样难以否认的是,它有助于理解政治事件,甚至有助于理解政治变革:

> 遗产节目显示,当局政府在一个分裂的社会中仍试图寻找接近广播电视的途径……这些片段播出的时候,正是围绕耶稣受难日协议展开的谈判特别激烈的时候。BBC在政治上的任何干预都将是困难而有争议的。遗产节目鼓励听众直面有时令人不快的宗派暴力的事实,这种直面式的对抗使暴力成为讨论的中心议题。
> (Moore,2003:99)

广播时事报道仍然是 BBC 节目输出的重要组成部分,特别是在广播 4 台,当然也体现在提供新闻和体育服务的 BBC 直播 5 台。正如摩尔所说,它可以适应成为与标准杂志类时事报道模式《今日》截然不同的形式(尽管这个例子仍在蓬勃发展中),而这种满足相对灵活的、引入"普通人"声音的需求,可能是这类节目形态存活下去的必要组成部分。

❷ 思考问题

1. 试分析本书中"新闻"与"时事报道"的区别与联系。为什么"时事报道"类节目成为英国新闻报道的一个独特节目类型?

2. 试分析英国广播节目《今日》在不同历史时期的发展特点。

➲ 延伸阅读

Crisell, A. (ed.) *More than a Music Box: Radio Cultures and Communities in a Multi-media W.* New York: Berghahn Books. pp. 3-19.

Shingler, M. and Wieringa, C. (1998) *On Air: Methods and Meanings of Radio.* London: Arnold. pp. 45-7.

Donovan, P. (1998) *All Our Todays: Forty Years of the Today Programme.* London: Arrow Books.

Moore, P. (2003) 'Legacy. Fourth phase public service broadcasting in Northern Ireland', *The Radio Journal: International Studies in Broadcast and Audio Media,* 2 (1): 87-100.

Hendy, D. (2007) *Life on Air: A History of Radio Four.* Oxford: Oxford University Press.

发展
Development

> 发展通常指一个国家经济状况的良性提升。可以利用广播在教育和信息领域的作用促进其经济的提升。

有足够的证据能够证明,广播可以为世界上最贫穷地区人们的健康、教育和生活水平的改善作出贡献。非洲是一个相当突出的例子,证明有多种因素促进广播的"发展"潜能。相较于电视、报纸等其他媒介,广播传播的信息可以到达更多人群(Mytton,2004:17)。尤其是在撒哈拉以南的非洲地区,广播的成功和重要性归因于很多不同的因素。它比电视更便宜、更便携,不依赖持续的电力供给,因此电视业在非洲的发展也远远不及其他地区。此外,广播是基于口语传播的文化传统,非洲某些地区文盲程度的严重性也从侧面促进了广播相比报纸更为普及。虽然广播在其他地区也起到了重要的发展作用,但是在本词条分析中,本书还是将目光放在非洲地区。

非洲广播始于战前殖民地时期,作为殖民者统治管理的工具存在。诸如南非广播公司等都是以 BBC 模式为基础的,尽管当时有越来越多的电台不再处于政府的控制之下(Mytton,2004:17)。目前非洲有许多不同体制的电台,包括国有国营电台、政客所有的宣传电台、纯音乐的商业广播和最重要的以发展为宗旨的社区广播。社区广播一般使用低功率调频发射机,由地方志愿者管理,部分资金来源于教堂、非政府组织等。联合国教科文组织(UNESCO)、联合国、英国慈善机构牛津饥荒救济委员会(Oxfam)以及天主教会,都为非洲的社区广播提供资金。

以促进发展为方向的电台所讨论的问题,包括健康意识,特别是艾滋病、教育的重要性、改善妇女的作用和给农民提供建议等。玛丽·麦尔斯(Mary Myers)在对西非马里一个社区电台的案例研究中指出,把当地广播员称为"农村自我表达精神上的妻子",允许当地社区的人们表达自己的观点(2000:95)。主持人包括一位农民和一名护士,他们说的是当地语言,不像国家运营电台的播音员通常是公务员,说的是法语,他们把政府的政策推广给大众。像前面提及的马里杜安扎这样的社区广播电台,听众往往认识主持人,甚至与主持人有家族亲缘上的联系。该电台在其许多发展主题中强调了食品卫生的重要性,鼓励女孩上学,并努力提高女性对割礼的危险和后果的认识。

莫桑比克是世界上最贫穷的国家之一,经历了30多年的内战,基础设施被严重损毁。该国在1994年创办了第一家社区广播电台,至2005年已经有50多家社区广播(Jallov,2005:21)。加洛夫(Jallov)在对社区广播的影响评估中强调了为一个地方社区树立价值观的重要性,将有助于建立本地居民的自信心。她也论述了广播对艾滋病的作用,倡导尊重青年、尊重女性和预防霍乱:

> ……社区广播可以成为有效的本地知识传播的中心,通过加强现有的社区能力和朝着民主的方向改变地方力量,从而为社区赋权。社区广播可以帮助发现以前看不到的经验和知识,为以前被排斥在公共生活之外的群体,包括妇女们,提供空间和发言权。广播还可以作为当地的技术中心,在多数地方可以提供电话、传真和复印的服务。(2005:33)

肯尼亚广播公司每周广播剧节目《广播剧场》(Radio Theatre)提供了另一个"发展电台"的案例,它更符合广播的公共服务模式。这是政府资助的广播节目,传播关于发展、和平与团结的信息,"为此目的,在每年创作的54部广播剧中,相当大一部分被用来树立发展和进步的形象,以对抗落后和倒退的文化"(Ligaga,2005:109)。在2003年播出的广播剧《不在此时》(Not Now)(参见"广播剧"词条)中,一个女孩即将被迫结婚,成为一位老男人的第四任妻子。她逃了出来,设法回到学校,找了一份工作。这些日常生活化的故事可以促进妇女教育和就业以及反对传统的婚姻习俗的发展主题。

❓ 思考问题

1. 结合非洲广播发展现状,分析广播对于社会发展的重要作用。
2. 结合当前中国广播现状,分析广播如何促进中国社会的发展。

➡ 延伸阅读

Fardon, R. and Furniss, G. (eds) (2000) *African Broadcast Cultures*. Oxford: James Currey.

Mytton, G. (2004) 'African', in Sterling (ed.), *The Museum of Broadcast Communications Encyclopedia of Radio*, Vol. 1. New York: Fitzroy Dearborn. pp. 17-22.

Myers, M. (2000) 'Community radio and development: issues and examples from Francophone West Africa', in R. Fardon and G. Furniss (eds), *African Broadcast Cultures*. Oxford: James Currey. pp. 90-101.

Jallov, B. (2005) 'Assessing community change: development of a "barefoot" impact assessment methodology', *The Radio Journal: International Studies in Broadcast and Audio Media*, 3 (1): 21-34.

Ligaga, D. (2005) 'Enacting the quotidian in Kenyan radio drama: "Not Now" and the narrative of forced marriage', *The Radio Journal: International Studies in Broadcast and Audio Media*, 3 (2): 107-19.

性别
Gender

> 性别是指男性和女性之间的文化差异,就广播研究领域而言,是指男性和女性制作人、男性和女性受众之间的文化差异,以及以男性或女性为受众目标的广播节目。

我们有很多很好的理由来看待广播和女性之间的特殊关系。因为广播比任何其他大众媒体更能清楚地表达女性的经历和感受。研究广播节目、性别,以及女性经验和所关心问题表达的证据,往往会加强这一认识。此外,一些最有影响力的广播革新者也是女性。然而,我们可以先采取一种截然不同的方法,即认为广播(包括制作和内容)主要是男性化的。例如,广播可以被视为培养男子气概的绝对中心:正如道格拉斯在她撰写的美国广播史中所说的,它在"调整和重拾男子气概的某些愿景"方面,发挥了关键作用(Douglas,1999:14)。

有一些特别生动有趣的关于电台性别认同的例子,主要来自对电台的历史性考察。但在考虑这些问题之前,我们有必要思考一下性别的本质以及男性和女性的社会角色。20 世纪 20 年代广播诞生之时,基于性别(也基于种族)的社会角色是被高度隔离的。英国和美国女性主要留在家中照顾家庭,远离工作场所。"妇女议题"被明确定义为家庭和家族问题。女性经常被描述成歇斯底里、软弱和脆弱的。这种性别的社会分化在整个 20 世纪备受女权主义的挑战,一定程度上也被两次世界大战的动荡所削弱。多数学者都认为,20 世纪 60 年代,社会对性别、种族和性的态度更加自由,这不仅有助于赋予女性权力,也挑战了传统的男子气概观念。这和广播有什么关联？简而言之，曾经被视为专属的"女性电台"，例如带有烹饪和儿童内容的日间杂志类节目，如今对男性的吸引力可能远远超过对其父辈那个时候的吸引力。同样，曾经被视为男性和男孩特权的体育类节目，现在越来越多地由女性来主持，甚至可能更吸引女性观众。

20世纪二三十年代广播发展的历史，为理解基于性别的媒体特性提供了一个有用的途径。在一战结束后的美国，有一个特别活跃的广播爱好者社区。在强大的广播电台网络和广播管制体系建立之前，无线电技术还处于初级阶段，当时的无线电波主要是男性专属的业余爱好。同一时期，20世纪20年代的法国，俱乐部里有大量的"电台迷"（sans-filistes）（或者叫广播迷），他们在正式的广播出现之前甚至之后，收听和制作播出节目（Street, 2006a:267）。在美国，业余爱好者的主要活动是远程无线电通信活动（"DX-ing"），或者观察原始晶体管收音机的收听范围。书籍和杂志繁荣发展之后，也被用来支持无线电业余爱好者，正如一些文章的标题为《广播男孩》（*The Radio Boys*）和《无线电男人》（*The Wireless Man*）。不久之后，收音机就从车库被搬到了起居室，并在这一过程中显示出它作为一种大众媒体的潜力，无论对于男性还是女性而言，都是如此。

研究广播和性别的一个有用的方法是将男性的公共领域（政治和商业世界）与私人领域（情感和家庭生活的世界，传统上被视为女性的世界）进行对比。如果我们承认这种分裂存在于20世纪早期，那么将广播引入家庭则促使女性介入公共领域成为可能。正如莱西（Lacey）在她对纳粹时期之前的德国广播电台的研究中指出的，女性开始找到一种模仿私人女性话语的公共声音（Lacey, 2000）。她认为，允许"闲聊"、八卦和"心与心"交流的广播彻底改变了女性的家庭生活。所有的德国广播电台都以女性的声音来与承担家庭主妇和母亲角色的女性进行对话。

正是广播连续剧（或"肥皂剧"）的引进，使女性的经历真正成为公共事件。1930年，美国广播从业者艾尔纳·菲利普斯（Irna Phillips）在芝加哥WGN电台制作了第一部日间肥皂剧《绘梦》（*Painted Dreams*）。希尔姆斯把日间连续剧视为女性反对和抗议男性公共领域的一个组成部分：

可以说，女性编剧和制作人，如菲利普斯在公共电波中为女性次反公共的出现开辟了话语空间。她所制作的广播连续剧，回应了试图打开被公共讨论空间限制的话题的情况。这些限制话题通常是被忽略的"女性议题"，比如私人的、个人的，因此不适合在公共空间中进行讨论。(1997:160)

战前这种现象非常普遍。1936年，美国55%的日间广播节目由广播连续剧组成，大部分由女性演员出演，主要讲述女性的经历（参见"广播肥皂剧"词条）。

这并不是说，针对女性的广播是在解放或挑战男性在整个社会中的主导地位。20世纪60年代，无聊、孤独的家庭主妇收听DJ主持的节目，可能只是想从中获得浪漫的快乐，正如正统的异性恋中应该表现的那样。就像浪漫小说的女性读者一样，女性对音乐广播的喜爱是一种"独立宣言"，但它强化了父权关系(Radway, 1987)。苏珊·道格拉斯(1994)的著作是对女性电台呈现的两面性最令人回味的洞见之一。她描述了自己20世纪50年代末和60年代初在美国长大的经历。雪纺(Chiffons)和香格里拉(Shangri-Las)等女子乐队演唱的是爱情和性，是有关女性角度的性和叛逆。

> 这种音乐是非常个人化但又高度公开化的，融合了我们神经质的、颤抖的内在自我和其他人神经质的、颤抖的内在自我……
> 我们在漆黑的卧室里、在父母的车上、在沙滩上甚至在与男孩亲热时都在听这些音乐……(Douglas, 1994:87)

160

道格拉斯和她的朋友们听的那些歌曲"既是关于逃避也是关于顺从男性主导社会的要求"(1994:90)。

男性对广播的体验如何？回答这个问题的一种方法是看电台的体育节目。BBC利用体育报道来建构社会活动日程，这些活动既标识了这一年的主要活动，也强化了商业公司的核心文化角色作用。赛艇、大型赛马、足球、橄榄球、温布尔登网球和板球比赛都发挥了上述作用，通过让数百万听众参与这些本质上是全国性的赛事,加强BBC在全国范围内的重要地位。美国棒球和拳击赛把职业和业余运动中充满阳刚之气的氛围带进了卧室和客厅,传达了坚韧、竞争和带有侵略性的传统男性价值观。2500万人收听了1942年的世界大赛,体育报道造就了具有双关表达特点的"男性技巧"(masculine skill)(Douglas,1999)。英国广播在20世纪90年代见证了两个以体育为重点的全国性广播电台的诞生,分别是BBC直播5台和"体育脱口秀"。所以男性有吸引其收听的直播5台,它被称为"电台小子"(Starkey,2004b)。关于足球的无休止的讨论主要是在男性之间进行的,这些广播台以男性为主要受众也就不奇怪了。

正如战前的广播肥皂剧可以被描述为广播节目中最女性化的领域之一,20世纪80年代以来的美国谈话电台则是一个充满阳刚之气的电台。有很多论述谈及20世纪公共领域的退化,作为媒体力量增长的结果之一,创造了像霍华德·斯特恩和唐·伊姆斯这样的男性"名人",乐于占据社会话语空间,这种现象被称为"再封建化"(Habermas,1989)。主流政治变得圆滑、肤浅、死气沉沉,电台谈话节目主持人傲慢的夸夸其谈成为市政厅令人兴奋的电波代理人。斯特恩痴迷于性话题,是一个"多嘴、傲慢的花花公子"(Douglas,1999:304)。这是一种更衣室内的庆典,依据迪尼舍·史密斯(Dinitia Smith)①的说法,听唐·伊姆斯主持的节目就像"与一群青春期前的男孩同处一间没有老师的教室里"。伊姆斯让那些在20世纪60年代长大、被教导过不要仅根据女性胸部的大小来评判女性、受过良好教育的男性们,在他的节目造就的辉煌时刻,膨胀成为一头顽固的沙文主义的猪(Douglas,1994:306)。但即便是在电台谈话节目的男性世界里,也出现了对男子气概的某种焦虑。正如道格拉斯所指出的,霍华德·斯特恩有不安全感和女性化的一面。他在男子气概和女性化表现之间摇摆不定,有时既是保守派的,又是反对政府控制的自由主义者。粗俗而色情,却假装正经。

性别和广播密切相关,本词条仅提供对广播研究领域中一个复杂而重要的问题的初步认识。女性制作人可能想制作一些针对女性受众的谈话节

---

① 美国作家和电影制片人,以前是《纽约时报》的文化记者。——译者注

目,男性有时也是如此。节目类型可以被识别为"针对女性"或"针对男性"并且吸引这些目标的性别受众,广播在这方面与其他大众媒体非常相似。本文以一段推测性的言论做结语,广播的一些特质,它的亲密感、它的怀旧情绪、它的表达情感的能力,可能会鼓励人们持有一种认识,即广播中有些东西本质上是女性化的。

思考问题

1. 你如何看待"电台性别认同"观点?
2. 为什么"广播肥皂剧的出现,使女性的经历真正成为公共事件"?
3. 你如何理解"广播中有些东西本质上是女性化的"?

延伸阅读

Hilmes, M. (1997) *Radio Voices: American Broadcasting, 1922－1952*. Minneapolis, MN: University of Minnesota Press.

Douglas, S. (1999) *Listening in: Radio and the American Imagination, from Amos 'n' Andy and Edward R. Murrow to Wolfman Jack and Howard Stern*. New York: Random House.

Mitchell, C. (ed.) (2000) *Women and Radio: Airing Differences*. London: Routledge.

仇恨广播
Hate Radio

> 仇恨广播是指传播反对某个社会群体的信息,旨在鼓动听众对该群体采取暴力行动的广播。

与任何大众媒体一样,广播有潜力为民主代言,也可以为极权代言。民主政府和极权政府一直以来都紧紧掌控着广播媒体(参见"宣传"词条)。然而,仇恨广播现象与一般意义上的宣传并不相同。这是一种具有明确的目的性、鼓励听众在社会中直接仇恨特定(通常是种族上的)社会群体的广播。这里提出的仇恨广播的狭义定义是由理查德·卡弗(Richard Carver)进一步完善的,他借用了联合国对"仇恨"和"煽动行为"的定义:

> 对言论自由的捍卫者来说,仇恨言论问题是一个永久性的问题。在某一时刻,言论自由的行使开始侵犯他人的权利,例如,关于歧视,这种时刻这些权利就需要相互权衡。在《公民权利和政治权利国际公约》第19条谈及激起对言论自由的捍卫之后,第20条显示:
> 1. 法律上禁止任何对战争进行的宣传。
> 2. 法律上禁止任何的鼓吹民族、种族和宗教仇恨,且构成对歧视、敌意和暴力的煽动。(2000:191)

搜索那些特意被设计用来煽动听众对他人采取行动的广播,幸运的是,很少能找到这样的例子。20世纪30年代,臭名昭著的右翼天主教神父查尔斯·考夫林(Charles E. Coughlin)在美国广播上攻击少数族裔群体。他谴责犹太人、工会、移民和共产主义者,"考夫林是当今否认大屠杀者和新纳粹主义最早的鼓吹者"(Keith and Hilliard,2004:694)。在基斯和希利亚德《广播百科全书》一书的相同词条中,他们讨论了诸如乔·派恩(Joe Pine)和鲍勃·格兰特(Bob Grant)主持的种族主义脱口秀节目(他们公然指称美国非洲黑人是"野蛮人"),但没有进一步涉及诸如霍华德·斯特恩和唐·伊姆斯这些新近出现的、深富争议的 DJ。后两位有许多有关"仇恨"或者"充满仇恨"的事情可以说,但他们的节目谈不到有煽动暴力行为的动机。20 世纪90 年代的美国见证了一些小型调幅仇恨广播的崛起,它们是各种右翼极端分子、白人至上主义者、新纳粹分子、生存主义者和阴谋论者,在互联网成为他们的大本营之前一段短暂时期内,存活于广播音频媒体中。

到目前为止,仇恨广播最重要的案例是卢旺达的自由广播电视台(Radio-Télévision Libre des Mille Collines,RTLM)。该电台于 1993 年 7 月开播,并从第二年 4 月起开始鼓动胡图族人杀害图西族人。大约 100 万图西族人死于这场卢旺达种族大屠杀。对于 RTLM 在这场屠杀中的确切作用和影响还存在争议。凯罗(Kellow)和史蒂夫斯(Steeves)的研究坚称,多年种族主义的广播宣传对那些没有文化的人民施加了巨大的影响力,对那场大规模屠杀负有不可推卸的责任(Hendy,2000:202)。因为人们信任广播,对它传播的内容没有判断能力,所以胡图族人就做了他们被告知的事情。卡弗尔(Carver)对 RTLM 参与发出屠杀指令则采取了一种更谨慎的态度,他强调RTLM 的杀人指令发出得很晚。他指出卢旺达事件中仇恨广播的作用被夸大了,没有确凿的证据显示公开的种族灭绝播音会促使人们实施谋杀(Carver,2000:190)。非洲也有其他仇恨广播的例子,包括 1994 年由新纳粹主义阿非立卡人创办的比勒陀利亚广播(Radio Pretoria)以及 20 世纪 90 年代早期扎伊尔国有广播。

2006 年的澳大利亚悉尼,澳大利亚白人帮派和中东青年之间发生了持续不断的械斗。械斗的导火索主要是有关黎巴嫩年轻人袭击救生员的谣言。凯瑟琳·隆比(Catharine Lumby)所做的一项关于广播在骚乱中所起作用的研究显示,就连悉尼广受欢迎的 2GB 广播电台也参与推动了暴力事件,主持人称黎巴嫩青年为"杂种""邪恶和懦弱的"[卫报(*The Guardian*),2006年10月21日,星期六]。广播主持人鼓励白人相信他们受到了攻击,警察也无能为力。这是否算作仇恨广播,尚需要进一步解释,但这个例子强调了一个问题,即如何区分广播脱口秀中令人遗憾的、并不罕见的种族主义和更罕见的具有煽动性的仇恨广播。

❓ 思考问题

1. 审视广播发展的历史,分析"仇恨广播"出现的原因。

2. 对于报纸与电视媒体而言,是否有类似"仇恨广播"的存在? 若存在,有何异同?

➡ 延伸阅读

Hendy, D. (2000) *Radio in the Global Age*. London: Polity Press. pp. 200-4.

Keith, M. and Hilliard, R. (2004) 'Hate Radio', in C. Sterling (ed.), *The Museum of Broadcast Communications Encyclopedia of Radio*, Vol. 2. New York: Fitzory Dearborn. pp. 694-5.

Carver, R. (2000) 'Broadcasting and political transition', in R. Fardon and G. Furniss (eds), *African Broadcast Cultures*. Oxford: James Currey. pp. 188-97.

广播新闻业
Journalism

> 广播新闻业是指广播记者收集和发表新闻和评论的实践活动。

广播新闻业与其他媒介采集新闻的活动并无本质差异,事实上许多记者在为报纸写稿的同时也为广播或者电视,抑或同时为二者工作。跨媒体记者时代已经到来,互联网在媒体融合的过程中发挥了重要的作用。然而,报纸上的新闻稿与广播记者的报道在特性上存在差异,特别是广播新闻的特定属性随着时间的推移而发展。这里谈及的一些问题也将在本书"广播新闻"词条中进一步讨论。

二战前 BBC 几乎没有建立系统的广播报道,大多数新闻都是由新闻专业机构提供的,直到 1939 年,才有了两位专门的 BBC 广播记者。也就是说,1936 年西班牙内战开始的时候还没有 BBC 记者参与报道,直到 1939 年冲突结束时这一情况才有改观(Nicholas,1996:191)。经过初始时期的媒体惯性和新闻审查,第二次世界大战彻底改变了 BBC 的广播新闻报道事业。BBC 记者对战争的目击报道被极其笨重的磁盘录音机录制了下来。理查德·丁布尔比是这些记者中最著名的一位,1943 年 1 月,他录制了一个关于兰卡斯特轰炸机袭击柏林的广播报道。与此同时,伟大的美国广播记者爱德华·默罗也在为美国国内的听众报道战争。德国入侵时,默罗在维也纳,后来搬到了伦敦,在伦敦市中心 BBC 广播大楼的地下室里,他发表了著名的战争报道:

> 对于一个屏息以待这场迅速扩大化战争消息的世界而言,这些报道是及时的、令人信服的、最具接近性的。每个记者都以自己标准

的、引人注目的模式开头:"这里……是伦敦。"(Limburg,2004:966)

正如前面提及的,广播记者并非一个特殊的群体,但音频报道所需的技能与电视或纸媒不同。丁布尔比和默罗等记者的成功之处在于,他们能够借助音频来传达强烈的视觉事件。以英国的广播为例,广播报道的独特方法已经发展起来,这在广播新闻报道中可以体现出来。

广播报道最具代表性的节目类型是新闻谈话类节目,由广播记者(有时被称为"通讯记者")撰写脚本,然后录制一段精心制作的讲话录音。BBC 广播4台的《独家报道》是每周新闻谈话类节目的汇编,它体现了公开的演说如何发展成为一类独特的广播报道节目形态。BBC 记者费格尔·基恩(Fergal Keane)就是一个很好的例子,其关于取消种族隔离的报道听起来既形象又令人动容。1973 年起英国商业电台形成了一种不同于 BBC 的报道方式和风格,例如伦敦广播公司(LBC)和独立新闻广播(IRN)直接与 BBC 新闻报道展开竞争,尤以伦敦最为激烈。它们颠覆了 BBC 传统的新闻报道方式,一改 BBC 不善运用现场音响和目击报道的方式,以此成为商业广播服务机构独立新闻广播的报道特点(Chignell,2007)。拥有他们自己独特的、现场的、平民化的新闻报道风格,IRN 记者现场报道了骚乱、战争和其他许多重大事件。他们自然的、现场的报道通常都配有精彩的实况音响。

BBC 新闻报道的独到成就之一是政治访问类节目发展十分成熟。20 世纪 50 年代以前对政治人物的采访可以说恭敬到了极点。随着英国 20 世纪 50 年代末至 60 年代初对这些政治人物的恭顺和尊敬的态度衰减趋势的发展,媒体领域一种更独立自信和尖锐的采访方式逐渐成形。BBC 独立记者因在新闻和时事报道类节目中敢于质问政客而名声大噪,比如,以话语尖酸刻薄出名的 BBC 广播4台《今日》节目主持人约翰·汉弗莱斯。然而,近年来有证据表明,新闻访问类节目正在被广播主持人与记者之间的对话"互动"方式替代:

> 今天各种新闻类节目都包含对话的形式,不再采访政治人物或政府发言人,而是主持人与自己的记者同事交换观点。驻外记者不

再简单地搜集信息做出报道,他们通过卫星与直播间现场连线。他们被主持人邀请去预测他们所报道的内容。(Tolson,2006:61)

托尔森描述了新闻访问类节目正在由以往调查式、深度挖掘的风格,转向现在由广播人自身越来越多地独占电波的状态。这种风格显得不那么庄重,甚至有些八卦,诙谐有趣、幽默玩笑的方式,好像是为了展示记者或者主持人与他们所共同供职的新闻机构之间的"相互关联"(Tolson,2006:68)。

广播新闻事业最重要的发展之一就是在雇用女性方面的进步,虽然这个过程非常缓慢但也在逐渐改进。传统观念认为记者应该是男性甚至是男性气概十足的人,"顽强、大量饮酒、无情、客观、愤世嫉俗的工作狂"(Haworth,2000:252)。新技术的应用,使广播技术工作摆脱对男性体力的依赖,这种状况鼓励女性参与从事这一职业。对新闻采集亲临现场、身体力行的方式已经在改变,与此同时,专门以女性为目标受众的新闻报道也逐渐变得重要起来。

❷ 思考问题

1. 谈谈英国广播新闻谈话类节目的特点和成功之处。

2. 为什么当前英国新闻访问类节目减弱了节目中调查式、深度挖掘的风格?

➲ 延伸阅读

Crook, T. (1998) *International Radio Journalism*. London:Routledge.

Nicholas, S. (1996) *The Echo of War: Home Front Propaganda and the Wartime BBC,1939 – 1945*. Manchester:Manchester University Press.

Tolson, A. (2006) *Media Talk: Spoken Discourse on TV and Radio*. Edinburgh:Edinburgh University Press.

广播新闻
News

> 广播新闻是指在广播上定期报道新闻事件,一般是整点播报,以口播新闻稿和记者报道为特征。

新闻报道无疑是广播最典型的节目,也是广播面对来自音频和点播市场竞争时,最重要的优势之一。除了对正在发生事件的信息进行不断更新报道之外,广播新闻还有很多特点,包括:通过新闻叙事的层层展开吸引听众的持续收听;强调广播的"现场感";强化听众和主持人的"共在感";在全国范围内的广播中强化国家身份认同,在地方广播中强调地方身份认同。在对于广播新闻的讨论中,辛格勒和维瑞嘉认为,广播的成功归因于"音频的社会化参与"——大众学习收听的渐进过程和对广播作为信息来源的信任(1998:95)。广播,特别是公共服务广播,在那些把广播看作"老朋友"、与广播建立起亲密体验感觉,尤其认为广播所传播的信息更可信的人群那里,已经建立起真实和公正的社会声誉。如果这种观点正确的话,那么只能说这是20世纪的一种现象,几代听众在社会化参与过程中非常信任广播,尤其是在战时阶段。

广播新闻的历史可以简单地分为两个时期。第一个时期是从20世纪20年代至二战时期,广播媒体成为英美大众权威和值得信任的信息来源;第二个时期大体是从20世纪60年代至今,受众新闻参与度广泛提升成为这一时期的主题。

新闻和时事报道成为媒体使命的核心和BBC的声誉所在(参见"时事报道"词条)。对于BBC广播部门来说,新闻公告版是BBC音乐台的重要组成部分,对于 BBC 广播 4 台和 BBC 直播 5 台而言,特写新闻和评论贯穿于其整个节目表中。1922 年 BBC 初创时期,几乎没有新闻节目(直到 1927 年)。可以理解的是,经营报业的人当时担心来自广播的竞争,借助其自身影响力限制广播新闻只能在晚上 7 点后播出,而且新闻稿件只能由路透社提供。1926 年英国大罢工成为 BBC 新闻和 BBC 媒体事业发展的分水岭。由于报纸停止印刷,广播成为新闻的唯一来源,在这场危机中 BBC 也展示了其独立于政府,同时可以成为控制大众看法手段的能力。在工会看来,BBC 反对他们,对他们有偏见(在 BBC 看来,这是不可能的)。从公共服务广播来看,这表明广播是不可或缺的新闻来源(Scannell and Cardiff,1991:32)。

美国广播新闻是在欧洲爆发第二次世界大战(1939)之后真正出现的。尽管美国在这场战争中处于中立地位,但随着战事的发展,美国受众体现出紧张的利益关联感和激动的情绪。美国各电台在欧洲几个国家的首都均派有驻外记者,苏珊·道格拉斯描绘了 1938 年 3 月 13 日听众收听 CBS 的情景:

> "通常在这个时间段播出的《圣路易斯·布鲁斯》(*St. Louis Blues*)节目被临时取消,现在带给您的是欧洲今晚的战局,哥伦比亚广播公司现在播出特别报道,报道来自伦敦、巴黎和其他欧洲国家首都的情况。"主持人的语气急促但充满对话性。"今夜世界因冲突力量而震颤、被撕裂……在澳大利亚,已经持续了一整天,事件正发展为人群聚集的骚乱……新闻流正通过大西洋稳定地传播过来。"(Edward R. Murrow,转引自 Douglas,1999:178)

美国驻欧洲广播电视记者中最著名的当属爱德华·默罗,他在短波中报道了"波兰闪电战"、坐着 B-17 轰炸机袭击柏林,甚至和盟军进入布痕瓦尔德(Buchenwald)集中营。默罗以广播剧艺术手段、"非正式"的表达方式和信息的综合运用发展了广播新闻的报道方式。默罗与其他美国记者一起使用充满对话性的、富有个性的报道风格为美国受众报道正在发生的国际危机。

第二次世界大战也成为 BBC 和英国广播新闻发展过程中的关键时刻。新型录音设备的使用使来自前线的直接报道成为可能,也保证听众能够及时知晓战事的发展。战争最后一年开始播出的《战争报道》(*War Report*)节目以及 BBC 记者借助小型碟片录音机录制的内容让听众在录制 24 小时以内收听到对战争冲突的生动报道(Street,2006b:285)。尽管广播在战争报道上获得了巨大的成功,但英美在报道版本上都存有很大的缺陷。比如,BBC 在报道大屠杀的范围和程度上是失败的。克鲁克在对广播新闻事业史的研究中指出,由于没有报道犹太种族的大屠杀,英国民众直到 1945 年战争结束时对大屠杀都处于忽视状态(Crook,1999:202)。这一情况被理查德·丁布尔比著名的报道部分地改变了,他于 1945 年 4 月携带便携式碟片录音机进入贝尔森(Belsen)集中营。他悲惨的、令人动容的报道向英国听众传播了集中营中发生的恐怖事情,但就是这个来自 BBC 主流记者之手的、具有标杆性质的新闻报道,也是在丁布尔比"不播出就辞职"的威胁下才得以公之于众的(Crook,1999:202)。

战争结束时,尽管存在一些不足之处,但广播已经成为一个受到认可并得到广泛信任的新闻来源,同时也形成了个性化、充满对话感的报道风格,从而赋予广播比报纸更强大的冲击力和即时性。新闻报道成为广播最具代表性的特色,甚至形成了之后 50 年都不曾有多大改变的符号体系和报道惯例。通常以小时为单位的周期性新闻插播已经成为广播节目表中一个普遍特性,新闻播报不断严格遵循受众的预期需求:

> 新闻播出需要有一个低沉的男声和/或一份撰写风格权威、每一句都知道下一句要表达什么的稿件。新闻不可避免是有底稿的(相较于大部分口语广播的亲密感和自发性)。广播新闻的话语表达与其他广播谈话节目十分不同,这在一定程度上是因为它从不或者很少掩饰这是在读稿。这种效果是为了使播音员与听众保持一段距离,以便反映"事实",呈现新闻的客观性和权威性。
> (Dunn,2003:118)

广播新闻近年来形成的另一种惯例是主持人与记者共同参与讨论。这种所谓的"双向"交流在新闻杂志类节目和消息列表类节目(sequences)中很常见,因为有大量的时间需要被填充。主持人可以邀请记者为节目增加描述性内容、对新闻事件发表评论,甚至预测未来可能会发生什么。托尔森认为双向交流的广播新闻表达样式,部分是当前两位主持人之间,或者与其他在演播室中的"支持队友"互相讨论新闻的流行表达模式发展的结果(2006:70)。可以说,这是一种对于新闻具有主观性特点的认知,新闻事实上并不是"真理",但一定要公开协商和解释(参见"广播新闻业"词条)。

广播新闻的另一个发展,也是本词条开始提到的,是突出强调公民作为评论员甚至记者的广播新闻报道和评论的增长。我认为这种发展可以追溯到二战结束后电视的出现。电视新闻能够提供关于新闻事件的视觉图像,诸如朝鲜战争和越南战争的报道促使电视成为大多数人的主要新闻来源。如果"后电视时代"广播想要作为一种新闻来源生存下来,那么就不得不发展报道新闻事件的新方法,而方法之一就是在节目报道中引入听众的声音。

虽然广播新闻无法与电视新闻的视觉冲击力相抗衡,但是它开创了新闻的互动性。在英国,20世纪60年代末,BBC地方广播率先使用热线电话,促使听众更广泛地参与新闻和活动,但是热线电话直到1973年才成为商业广播节目表上比较成熟的部分。热线电话允许听众评论新闻事件,而电视无法做到这一点。此外,战争再次成为广播新闻发展的契机。1983年爆发的马尔维纳斯群岛战争可以说是一场"广播战",因为英军从阿根廷手中夺回群岛所有权时是不允许有电视摄像机在场的。商业电台独立新闻广播(Independent Radio News)在英国军舰上派驻了一名记者,他的报道与二战时期生动的早期广播报道一样被听众收听到。然而,这时广播报道一个引人注意的特征是,听众有机会致电地方商业电台,从而成为许多打入热线电话听众中的一个,或者听听其他听众都说了些什么。

广播和电视新闻都从手机的广泛使用中获益了。手持移动电话就可以直接向新闻机构报道正在发生的事情,"公民记者"已经成为新闻采集体系中的重要部分。对于广播来说,这意味着来自事件现场的即时报道能够立刻播出,大大提升了广播新闻的互动性以及与听众友善相处的特质。来自短信和电子邮件的评论很容易被搜集,与报道的事实、公众观点一起成为新闻混合内容的一部分。

电视新闻为我们带来了全世界新闻现场的动人画面,而广播则以特别有趣的方式进行报道。相较于电视,广播通过热线电话和其他公民参与的形式,更为有效地实现了新闻报道的民主化。此外,广播允许主持人和记者讨论和预测新闻的趋势,或许自然而然地体现了对"新闻事实"争议特性的一种认知。

❓ 思考问题

1. 请谈谈广播新闻的互动性,如何体现?如何发展?为什么具有独特性?

2. 你如何看待"新闻报道无疑是广播最典型的节目,也是广播面对来自音频和点播市场竞争时,最重要的优势之一"?

➲ 延伸阅读

Shingler, M. and Wieringa, C. (1998) *On Air: Methods and Meanings of Radio*. London: Arnold. pp. 94-109.

Crook, T. (1998) *International Radio Journalism*. London: Routledge.

Nicholas, S. (1996) *The Echo of War: Home Front Propaganda and the Wartime BBC, 1939 −1945*. Manchester: Manchester University Press.

Dunn, A. (2003) 'Telling the story: narrative and radio news', *The Radio Journal: International Studies in Broadcast and audio Media*, 1 (2): 113-27.

政治和公共空间
Politics and the Public Sphere

> 广播有潜力在社会决策领域作出重要的贡献。

广播和政治的关系相当复杂和多样,以至于在一个词条中只能指出其发展历程中一些重要的案例和提出一两个关键的问题,很难再进行其他分析。本词条的粗略讨论应该有必要与"新闻""宣传""广播新闻业""仇恨广播""时事报道""广播脱口秀"等词条结合起来阅读。研究这一问题的途径之一是以"公共空间"概念开始,特别是哈贝马斯(Habermas,1989)对"公共空间"的著名论断。他将公共空间视作真实与虚拟的领域,个体在其中可聚集起来商讨公共事务并达成结论。现代公共领域在18世纪末19世纪初的中产阶级那里得到了最好的诠释,那时人们在咖啡馆或沙龙参与艺术和政治讨论。对于媒介研究者来说,哈贝马斯的理论是非常重要的,因为这是从不同角度探讨关于媒体及其政治作用的起点。就广播而言,我们可能会问,我们在广播上听到的讨论和辩论,是否是某种我们通过获取信息而自己理解和参与政治问题中、作为中介物的公共空间的体现?广播中播出的新闻和时事报道节目,主要是公共服务广播中的这类节目,能否有效传播至选民并刺激其政治参与热情呢?抑或广播是否适宜发挥传播政治意识形态的作用?具有商业主义和大众文化倾向的音乐广播会不会消解政治辩论的严肃性?

安德鲁·克里斯尔(2004)提出了一个关于广播政治报道的有趣的问题。他认为电视政治报道以视觉图像满足为驱动力,在更大程度上主要关注由视觉产生的轰动效果。电视通过政客、建筑、战争、人群等来表述政治问题。相反,广播这个媒体的传播方式"看起来更抽象,更关注时事、科学、伦理、女权、法律、艺术、心理、美学和媒介领域的问题和总体情况"(Crisell, 2004:18)。所以在克里斯尔看来,广播的"非视觉传播"是它的优势,也因此有理由相信广播会对公共领域作出积极的贡献。

广播早期发展阶段出现了一些广播参与或逃避政治问题的案例。比如,美国几乎不受限制地接纳政治广播,以及早期直接使用广播传递政治信息。富兰克林·罗斯福总统就是一位热情的"广播人",他在"炉边谈话"中向美国人民直接进行表达。他以一种直接的、个性化的方式向公众演讲,因此赢得了听众支持他的新政和美国参战(Loviglio,2005)。与这种政治表达非常不同的案例是,查尔斯·库格林(Charles Coughlin),这位"广播神父"从1926年起主持少儿宗教节目,但很快节目对象就扩展至成年听众,内容也从纯粹的宗教话题转向政治问题。20世纪30年代,库格林越来越口无遮拦,首先抨击胡佛总统的政策,随后又攻击共产主义和国际银行业务。十年间,库格林已经拥有三千万听众,成为纳粹主义和反犹活动的辩护者。

这一时期美国比较积极的政治广播案例是《美国小镇电波聚会》(*America's Town Meeting of the Air*,1935—1956)。这是美国版本的英国"时事报道"节目的突出案例,节目的样态是一个座谈小组在广大听众面前进行讨论,鼓励听众积极参与。听众提出的问题不经过筛选就可以播出,重大政治问题,包括种族和移民问题都可以进行讨论。节目文本也会被印刷出来,供中学和专科学校研究使用。美国这类政治节目对于广播人而言很有吸引力,因为其有助于履行公共利益职责,采取行动避免政府的管制。1948年开始播出的英国同类节目——《任何问题》(*Any Questions*),则属于一档相对温和的节目,这也许能够体现英美政治广播之间的差异。《任何问题》被完整重播,后续报道《任何答案》(*Any Answers*)也一直在播出。

相较于美国,历史上的英国政治广播在言论上相当谨慎。1928年,BBC首任总经理约翰·瑞斯通过积极争取使政府取消了对"有争议的"内容的禁令。之后的十年间,BBC政治报道巧妙体面地避开了失业、无家可归和法西斯主义出现等许多重大问题。莱西描述了20世纪30年代美国大萧条期间,广播收听如何有了很大的提升,但BBC认为其目的不是提供政治信息,而是隐藏了社会和政治分歧,"广播被当作可以把国家各种构成成分的人群联系在一起的工具,无论他们身在何处,无论他们的处境如何"(2002:29)。这种谨慎态度的一个特点是缺少普通人的声音、几乎普遍使用撰写好的话语内容以及不愿解决有争议的问题。

战后的 BBC,因战争时期取得的成功和受欢迎而倍受鼓舞,以新闻和时事报道节目为主的政治报道被放在了节目播出的核心位置。1955 年开始,由于受到新创立的独立电视台(ITV)外部竞争压力的影响,BBC 的电视和广播被迫在播出中都采用了更大胆的政治报道风格。正如广播新闻杂志类节目《今日》《同一个世界》和《午后》(PM)等提供了一种"新闻和评论"结合的综合节目样态,做好充分准备对政客们的行为提出质疑。在专业类节目中进行深入的政治分析,最知名的是《分析》和《第四频率档案》(File on Four),成为 BBC 广播 4 台政治报道类经典节目,也成为广播新闻和时事新闻报道的主要根据地。20 世纪 70 年代,政治广播也出现在新成立的商业广播和"独立地方广播"(Independent Local Radio,ILR)中。最早的独立地方广播——伦敦广播公司(London Broadcasting Company,LBC)和商业新闻服务形成了一种比 BBC 更具创新性的报道方式,同时也受益于澳大利亚和美国广播的影响(Crook,1998:261-281)。热线电话已经成为"独立地方广播"播出日程中的重要组成部分,允许听众打入电话发表自己的观点,同时把麦克风交给像布莱恩·海耶斯这样有自己政治议程的主持人。伦敦广播公司播出内容中另一个具有代表性的是其议会单元,与 BBC 一样,从 1975 年起在广播中播出议会内容。但是与 BBC 不同的是,LBC 在更大程度上报道议会进程,包括报道了 1983 年马尔维纳斯群岛战争开始时议会的激烈争论。

当然,政治不只是讨论和报道主流政治进程、采访政治家、报道竞选结果或内阁"抢椅子游戏"①。无论左翼还是右翼,他们激进的政治观点在广播中都能获得比在电视中更多的表达机会。本书"社区广播"词条中描述了很

---

① 原意指的是一种"淘汰"类型的游戏,参与者围成一圈,中间是几把椅子,椅子数量少于游戏者数量,音乐停下后,没能抢到椅子的人会被淘汰,椅子也会减少一把。以此类推,直到剩下最后一位胜利者,游戏结束。在西方,这也是一种隐喻的表达,比喻组织中人员的毫无意义的改组洗牌,例如定期更换政治领导人、多次内阁改组等。——译者注

多有组织的劳工掌握电台的例子,特别是玻利维亚矿工电台使工人、他们的家庭和他们的工会有表达声音的机会,尽管受到了来自玻利维亚独裁政府的镇压和审查。在美国,激进电台最早出现的迹象是1946年由一些(由于道德或宗教原因)拒服兵役者、拒绝参军者、无政府主义者、共产主义者和其他激进分子创建的太平洋基金会(Pacifica Foundation)。1949年,他们在加州伯克利创办了KPFA电台。这是由听众赞助的,报道20世纪60年代前西海岸艺术、文化和某些政治问题的广播。在欧洲,意大利学生中的激进分子于20世纪70年代在博洛尼亚创建了艾里斯广播(Radio Alice),比较有特色的是现场报道了街头示威游行,甚至1977年的街头冲突:

> 艾里斯电台在这里,报道这场冲突——或许不如说是让冲突现场自己说话。哪里有警察的攻击,哪里就有人拿起电话打给直播间,接通广播直播。艾里斯电台成为抗议者传播信息的通路,一个伟大的革命性的人民波段,为所有想参与反抗的听众打开了一扇大门。(Walker,2001:173)

政治右翼最特别、最突出的广播政治表达样态,即美国广播脱口秀。苏珊·道格拉斯描述了诸如唐·伊姆斯和霍华德·斯特恩这类"惊人杂谈类节目主持人"的生动形象,他们的怪异保守信条与幼稚粗鲁的表达混合在一起(1999:284-327)。广播脱口秀比较出名的是反对克林顿总统的医疗计划、治安政策、野蛮的反女权主义和反环保主义。"惊人杂谈类节目主持人"属于性别激进分子,"在重申父权制的战争中,一个意识形态领域的战士"(1999:317)。道格拉斯在一篇引人入胜的分析文章中指出,广播脱口秀变得重要的同时,美国国家公共广播也变得更加成熟,在政治和文化上都具有重要意义。美国国家公共广播和广播脱口秀在"几乎所有可以想象到的方面"都截然不同,但它们都可以被视为对主流电台失败的回应。人们感到被排除在公共领域之外,他们需要一个空间,一个由美国国家公共广播和广播脱口秀提供的替代性的公共领域:

广播已成为镇上的共有地、村里的小广场、杂货店、会面大厅、咖啡馆、啤酒花园、公园这些场所的电子化代理,过去在这些场所,人们可以想起他们的祖父母,甚至他们的父母,通过与他人聊天收集那些简短的关于小镇、国家和世界的消息。美国国家公共广播和政治广播脱口秀挖掘了20世纪80年代及以后公共生活缺失的感觉和过度工作、美国社会私有化带来的孤立感,以及人们与国家领导人之间的巨大鸿沟。(Douglas,1999:285)

哈贝马斯(1989)把公共空间看作连接个人和国家、私人空间和公共空间的桥梁。在商业媒体追逐最广泛受众的过程中,特别是通过一个"肤浅化"的进程,大众媒体在现代公共领域的衰落中已经起了作用。然而,社区广播、公共服务广播,如果我们信任道格拉斯的话,甚至谈话广播,都在恢复政治参与代理人机会方面发挥了作用。

❓ 思考问题

1. 请结合"新闻""宣传""广播新闻业""仇恨广播""时事报道""广播脱口秀"等词条,理解本词条"政治和公共空间"。

2. 为什么英国社区广播、公共服务广播和谈话广播在恢复其媒体政治参与代理人机会方面发挥了作用?

➡ 延伸阅读

Habermas, J. (1989) *Structural Transformation of the Public Sphere*. Cambridge: Polity.

Crisell, A. (ed.) (2004) *More than a Music Box: Radio Cultures and Communities in a Multi-media W*. New York: Berghahn Books.

Loviglio, J. (2005) 'The primary code: the meaning of John Peel, radio and popular music', The *Radio Journal: International Studies in Broadcast and Audio*

Media, 4 (1 -3): 25-48.

Lacey, K. (2002) 'Radio in the Great Depression: promotional culture, public service and propaganda', in M. Hilmes and J. Loviglio (eds), *Radio Reader: Essays in the Cultural History of Radio*. New York: Routledge. pp. 21-40.

Douglas, S. (1999) *Listening in: Radio and the American Imagination, from Amos 'n' Andy and Edward R. Murrow to Wolfman Jack and Howard Stern*. New York: Random House. pp. 284-327.

宣传
Propaganda

> 媒体信息被设计为以歪曲或片面的内容来灌输或者影响听众。

"宣传"这个词的起源可以追溯至 1622 年,当时格利教皇 15 世(Pope Gregory XV)成立了传播宗教信仰的圣会,这是一个旨在传播教义和东正教的机构。20 世纪,宣传是与政治活动紧密联系在一起的,特别是与德国纳粹和苏联的宣传活动。宣传是指使用片面和经过选择的信息以激动人心的语言或视觉画面表达出来,用来影响和教化大众。值得注意的是,20 世纪上半叶,系统地使用宣传手段的兴起与广播作为大众传播媒体的出现同时发生,广播在早期的宣传活动中发挥了重要作用。

德国纳粹的宣传活动是由约瑟夫·戈培尔(Joseph Goebbels)掌管的,他认为需要在国内进行宣传,以确保民众人心一致和维持战时士气,同时对外宣传也应成为战争的工具。对于后者,突出的例子是德国攻占奥地利时对广播的使用。1938 年德国入侵奥地利之前,广播宣传先行一步,以获得人们对纳粹政策的支持,当时 10 万台收音机被发放到奥地利,用来鼓励当地人收听广播。

对"敌方"民众进行广播宣传,最著名的例子也许当属威廉·乔伊斯(William Joyce),他被称为"哈哈阁下"(Lord Haw-Haw)。乔伊斯在汉堡电台向英国民众进行广播,为了瓦解英军气势并夸大德国战争机器所取得的胜利。在乔伊斯广播的同时,BBC 也开始进行广播收听调查,调查发现 27% 的英国听众会在 BBC 的《9 点新闻》(Nine O'Clock News)之后转台收听乔伊斯的节目(Street,2006a:191)。这样做更多是为了取乐而不是受教化,"今天,饥荒与温斯顿·丘吉尔并肩,英国很快就会饿殍遍野……"(转引自 Hickman,1995:35)。当听到哈哈阁下嘲笑的声音时,人们不禁感到莫名的恐慌,但是这一节目的流行也尖锐地提醒着 BBC 自身的失败。BBC 的解决办法是,在与汉堡电台完全相同的时间段播出一档旨在提振士气的节目——由战时伟大主持人 J. B. 普莱斯利(J. B. Priestly)主持的《附注》(Postscripts)。

温斯顿·丘吉尔也是一位伟大的广播者,他那些提振士气的演讲如果不是宣传,那无疑可以理解为是用广播来帮助改变战争的结果。英军仓促的敦刻尔克大撤退对他们来说是一个耻辱的时刻,但却被丘吉尔精彩地转变成了战斗口号:

> 我们将战斗到底……我们将在海上和大洋中作战,在空战中我们将越发自信与强大,我们将不惜任何代价保卫我们的岛屿。我们将在海滩上作战,我们将在登陆地点作战,我们将在田野和街头作战。我们永不投降。(转引自 Hickman,1995:34)

在对二战期间 BBC 广播的分析中,尼古拉斯(Nicholas)认为有两个原因使广播成为"战时最重要的传播机构"(1996:4)。首先,BBC 虽有些许古板,但因新闻的可靠性和专业性而享有盛誉。其次:

> ……广播的自身属性也是非常关键的因素。由于传播范围广、可以提供的主持风格多样,加之无处不在,广播成为最具潜力的宣传工具。(Nicholas,1996:5)

BBC 广播在英国抗战时期作为宣传工具取得了巨大的成功,源自 BBC 和广播在人们生活中所具有的特殊地位。广播受众数量庞大,收听行为经常以家庭为单位进行。同时,BBC 也拥有许多高水平的制作人和撰稿人来建立和保持整个国家的战斗士气。BBC 对战争进展情况进行了真实的报道,尽管不是全部,在政府和自身作为媒体的职责之间维持了艰难的平衡。

从多个角度来看,美国的宣传情况截然不同,直到今天也是如此。传统的极右翼政治人物借助广播进行宣传的现象,差不多自广播诞生时期就开始了。20世纪30年代臭名昭著的反犹宣传者查尔斯·库格林神父使用广播表达其恶意和偏激的观点。这种利用广播攻击社会其他成员,激起偏见和偏狭的行为,受到了联邦通信委员会和倡导广播电台应提供更为平衡的政治报道的公平原则的限制。里根政府时期这一信条终止,右翼宣传再次成为美国广播的一个特色。当时,几乎所有电台都被极右翼势力占据,包括活命主义者、新纳粹分子、信奉宗教激进主义的基督徒和阴谋论理论家等。1995年美国俄克拉何马州爆炸后,这部分人将阵地从模拟广播转移至互联网,但是作为一种现象,广播脱口秀仍允许右翼顽固分子们使用广播作为宣传媒介。

美国也是向世界其他地区广播宣传的重要来源。冷战时期有针对苏联播音的自由广播电台(Radio Liberty)和针对东欧的自由欧洲电台(Radio Free Europe),类似的还有针对古巴的天鹅电台(Radio Swan)和针对尼加拉瓜的九月十五电台(Radio Quince de Septiembre)。1942年开始,美国之音致力于代表美国的观点和政策向其他国家进行广播,每周以53种语言传达给全球八千万听众。同样,BBC全球服务也代表着英国积极的光彩形象,其资金支持来源于英国外交部而非执照费。举一个更典型的例子,越南的国有广播电台越南之音既提供短波服务,也提供以互联网为基础的广播服务。上述电台是否为宣传电台可以公开讨论,但它们都为各国政府和政策提供了全球性的广播声音,即便不是灌输的形式,但对其目标传播对象而言,至少是一种积极的"引起旋转"的震动。

历史教训,特别是二战中的,告诉我们,广播作为宣传工具具有巨大的潜力。出于灌输目的,广播与受众建立起的亲密关系和人们可能错误地给予广播的信任,会产生一种非常有效的混合体。其中一个最悲惨的例子是1994年卢旺达种族灭绝期间所使用的广播宣传(参见"仇恨广播"词条),通过自由广播电视台(Radio-Télévision Libre des Milles Collines)鼓励胡图人屠杀一百万他们的图西族同胞。这是仇恨广播的现象,是最极端和致命的广播宣传形式,提醒我们记住媒体影响受众的可怕力量。

❓ 思考问题

1. 你如何看待针对 BBC 全球服务的观点？
2. 对比分析各国把广播媒体作为政治宣传工具的异同。

➡ 延伸阅读

Nicholas, S. (1996) *The Echo of War: Home Front Propaganda and the Wartime BBC, 1939−1945*. Manchester: Manchester University Press.

Hickman, T. (1995) *What Did You Do in the War, Auntie?* London: BBC Books.

Keith, M. and Hilliard, R. (2004) 'Hate radio', in C. Sterling (ed.), *The Museum of Broadcast Communications Encyclopedia of Radio*, Vol. 2. New York: Fitzroy Dearborn. pp. 694-5.

公共服务广播
Public Service Broadcasting

> 这种广播模式由 BBC 集中体现，优先为公众提供信息、教育和娱乐的综合性服务。

我们可以根据广播资金来源和创建动机将广播进行分类。亨迪建议分为五类，包括：

国有国营广播；

地下广播（自由或海盗广播）；

社区广播；

商业广播；

公共服务广播。(2000:14)

最后一个类型正是我们在这里需要关注的，事实证明对其定义是十分困难的。与国有国营广播不同，公共服务广播并不是由国家直接控制的，但它部分依赖于国家资金的支持。可以说它是在议会民主制的体系中建立起来的，亨迪认为比较典型的例子包括日本 NHK（日本广播公司）、加拿大 CBC（加拿大广播公司），其中最知名的是 BBC。美国的国家公共广播则属于公共服务广播的另外一种模式，同样值得研究。

如果不从历史的角度论述，将很难研究清楚公共服务广播。公共服务的概念以及其在广播中的应用，深深植根于 BBC 和其维多利亚（或 19 世纪）先祖发展的历史中。从某种程度上来说，公共服务广播本身就创造了历史。

在新的多媒体环境下,它的日子可能屈指可数了,因为"受众选择为王"。

研究公共服务广播的历史学家可以追溯至19世纪英国诗人马修·阿诺德(Matthew Arnold)。阿诺德的观点对BBC首任总经理约翰·瑞斯产生了巨大的影响,使他相信文化能够缓和社会分歧,阻止矛盾激化。像很多与其同时代和此后几代的作家们一样,阿诺德担心大众的危险力量,看到了文化和教育在启迪民智上的潜力。

20世纪20年代初,英国政府看到了新成立的BBC对民众观点的影响力,所以建立了赛克斯委员会(Sykes Committee)研究广播的所有方面及其用途。委员会的报告将广播定义为"公共设施"(相对于商业运作),是以公共利益为宗旨的国家服务。接下来的几年里,瑞斯除了受阿诺德的影响以外,也受到了自身福音派基督教、爱国主义和道德至上主义的影响(Avery,2006:15),将相对抽象的雄心转变成具体的广播政策。早期BBC的权威地位因1926年皇家宪章的授权而得到很大程度的提升。1927年年初BBC改组为公司后,只对议会负责。正如斯坎内尔和卡迪夫指出的,宪章是BBC"进入这个国家主流领域的通行证"(1991:40)。但对广播节目来说,这意味着什么呢?早期BBC致力于播出最高标准的节目,"伟大的和好的"才能被邀请到电台中发表演讲,节目表上尽是高尚的文化和宗教内容。与此同时,瑞斯希望广播能够到达尽可能大的人群范围,所以公共服务广播不仅仅有关教育和信息服务,还包括娱乐内容。综合性节目政策也意味着舞曲音乐和喜剧也可以在BBC上被听到,也有严肃的谈话类节目和古典音乐会节目点缀其中。

出于多种原因,当运营BBC的人意识到BBC正在脱离群众,感知到广播应给予听众他们所需要的而非想要的时,从前那种古板和高高在上的风格才开始改变。导致转变的其他一些主要因素包括:瑞斯在二战前离开了BBC、一种平民主义的商业广播服务从欧洲大陆传播到英国、战争本身"迫使"所有社会阶层需要非常严肃地看待节目。BBC广播在战后分成了三个独立的"广播台":国内服务、第三台和轻松娱乐台。这种基于现实变化的转向明确了对早期公共服务广播正统观念的两个挑战:精英文化内容输出(在第三台中)被分离出来、轻松娱乐台包括舞曲、肥皂剧和该台自有的智力问答类节目。如果工人阶级只听轻音乐节目,他们就不太可能接受高雅文化的教化作用。BBC 在其广播和电视政策以及内容生产方面,继续深受公共服务广播理念的影响,正如一位作家所言:

> 公共(服务)广播是最重要的……一种信念,即在我们所有的生活中,广播的存在本身就可以而且必须被用来培育社会,为社会和其居民提供机会,让他们获得比主要为广告商寻找消费者的媒体系统更好的服务。(Tracey,1998:18)

公共服务广播核心价值观的改变,一定程度上削弱了 BBC 在 20 世纪后五十年的地位。BBC 维持其公共服务的承诺包括:体现文化的广度和质量、广播剧领域的原创性和事实类节目的报道,特别体现在新闻和时事报道类节目中。20 世纪 60 年代,BBC 总经理休·格林(Hugh Greene)主持了十年激进创新的媒体内容工作,他认为这是公共服务职责的一部分:

> 我认为公共服务广播机构的明确责任是,坚决反对试图对真诚和想象力的责难——我们有责任考虑到社会的变化,走在公众看法的前面,而非总是等待它。我认为,伟大的广播机构,以其资助作家和工匠的巨大权力,不应忽视对那些可能被认为"太超前"或"令人震惊"的年轻作家的培养。(Greene,转引自 Tracey,1998:xi)

乔治娜·伯恩(Georgina Born)所称的"世界上最著名的文化机构"——BBC 仍然保留着公共服务的原则(2004:5)。执照费,一种直接税收的形式,每年为公司带来数十亿英镑的收入,这是 BBC 的主要收入来源,由此使它摆脱了商业主义的压力,这一点仍然是事实。对高质量和原创节目的承诺仍然存在,这是大不列颠国家主义的标志,特别是皇家事务、体育和活动。但"公共服务"的概念现在看起来非常过时,甚至面向广大受众的广播也在走下坡路。玛格丽特·撒切尔(1979—1990 年担任英国首相)鼓励商业竞争的新自由主义市场政策,以及数字革命带来的消费者选择的大幅提升,削弱了英国的公共服务广播。

在考虑公共服务广播如何在英国生存下来,以及它如何在世界其他地区生存下来之前,让我们先看看美国的国家公共广播。尽管美国广播电台被广泛视为高度商业化的电台,但大学和专科学校的电台一直有一个传统,它们的目标和节目至少会让人想起英国公共服务广播。20世纪20年代,一些教育类的公共服务电台主要存在于中学和专科学校中。20世纪30年代的经济大萧条时期,这类电台很少存活下来,战后,联邦通信委员会将20个新的调频频率分配给了教育广播。美国公共服务广播的主要推动力是1967年的《公共广播法》(Public Broadcasting Act),该法案促成了国家公共广播的创建。国家公共广播起源于大学,许多早期的参与者都是前学生活动家(Mitchell,2002:413)。来自威斯康星大学麦迪逊分校的卡尔·施密迪(Carl Schmidy)是国家公共广播创建时董事会的成员,提倡以"真实的人"的生活为基础的广播,允许"思想和经历被分享、思考和讨论修改"(Mitchell,2002:413)。这是一个权力下放的、民主的、具有包容性的电台,把所有种族、地区和意识形态都带到了麦克风前。另一位创始董事比尔·西梅林(Bill Siemering)对广播同马修·阿诺德一样雄心壮志,他可能也赞同:

> 国家公共广播……以尊重和愉悦而不是嘲笑和仇恨的态度看待人们之间的个体差异;它将为人类体验的无限变化欢呼雀跃,而不是传播空洞和平庸;它将鼓励积极的建设性参与,而不是冷漠的无助……
>
> 这些节目将使个人更好地了解他自己、他的政府、他的机构、他的民族和社会环境,以便能够明智地参与实施变革的进程……
> (Mitchell,2002:414)

今天,国家公共广播每周为其600多个成员台制作超过100个小时的节目,包括广受好评的驾车时段的新闻杂志类节目《晨报》(Morning Edition)和《深入报道》(All Things Considered)。站在互联网的角度看,美国公共广播仍然制作广受欢迎的公共广播节目,如加里森·凯勒(Garrison Keillor)的《草原之家伴侣》(*Prairie Home Companion*)。或许美国公共广播最重要的贡献是它的新闻报道。波斯湾、伊拉克战争、柏林墙的倒塌,以及它屡获殊荣的政治和法律报道,都提升了它的声誉。如上所述,公共广播在美国仍然作为小范围的生态存在,远不及 BBC 那样被广泛地收听,或者像 BBC 那样具有影响力。这是一件好事还是坏事,在很大程度上是个值得思考的问题。

在这一点上,如果集体为公共服务广播的质量、公平、创新以及对某些事情承担责任而非获利的黄金时代叹息,认为它在现代世界没有立足之地,那就大错特错了。伯恩在关于 BBC 的重要著作的结语中,警告我们多渠道和互联网世界的危险。全球媒体往往被容易跨越文化边界的类型所主导——体育、好莱坞电影、流行音乐和色情。移民和少数民族群体也可能退回到卫星电视提供的对其家园的理想化再现中。至于互联网,也把无休止地提供未经证实的信息或谣言的威胁摆在了我们的面前。但在这种背景下,公共服务广播有着极其重要的作用。它可以是一个所有社会群体的声音都能被听到的所在。少数群体的声音不局限于一个不知名的网站或电台,而是被置于公共领域,让我们所有人都能听到(BBC 广播的亚洲电台是一个很好的例子)。此外,互联网经常被视为公共服务广播的一个挑战,但它也可以提供一个重要的机会。BBC 这个大型而广受好评的网络"对许多用户来说,为乱哄哄的网络环境"带来了一定程度的公正和信任(Born,2004:514)。

❓ 思考问题

1. 为什么说广播比起互联网而言,可以将社会群体、个体、少数族裔的声音置于公共领域?
2. 公共服务广播体制对世界广播事业的贡献主要有哪些?

➡ 延伸阅读

Flinthoff, C. (2004) 'National Public Radio', in C. Sterling (ed.), *The*

Museum of Broadcast Communications Encyclopedia of Radio, Vol. 2. New York: Fitzroy Dearborn. pp. 1000-6.

Mitchell, J. (2002) 'Lead us not into temptation: American public radio in a world of infinite possibilities', in M. Hilmes and J. Loviglio (eds), *Radio Reader: Essays in the Cultural History of Radio*. New York: Routledge. pp. 405-22.

Tracey, M. (1998) *The Decline and Fall of Public Service Broadcasting*. Oxford: Oxford University Press.

Hendy, D. (2000) *Radio in the Global Age*. London: Polity Press.

Born. G. (2004) *Uncertain Vision: Birt, Dyke and the Reinvention of the BBC*. London: Secker and Warburg.

广播政治参与
Radiocracy

> 广播政治参与是指广播对民主参与的独特贡献。

哈特利(Hartley,2000)首创的一个术语很好地描述了广播和民主之间的关系。这里特别体现为公共服务广播和社区广播所具有的对公共领域作出贡献的能力。哈特利建议,广播可以帮助社区建立并提供一个低成本和低技术门槛的公共空间。对于提供这种民主参与,社区广播显然处于有利地位,正如哈特利解释道:

> 一个社区如何定义自身?是什么将其成员与现代相关生活的"想象社区"联系在了一起?是什么将该共同体与其代表主体以及整个世界联系在了一起?较小的群体,尤其是偏远、边缘、被剥夺权利或受压迫的群体,如何在其他群体中争取自己的地位?(Hartley,2000:154)

184

在对这一概念的早期讨论中,哈特利引用了20世纪20年代在德国看到广播在政治参与方面潜力的布莱希特的观点。通过广播采访和讨论,广播可以帮助公民积极参与到公共领域中。布莱希特深谋远虑地指出,广播只有在与其听众之间存在某种互动时,才能发挥其参与政治讨论层面的潜力。尽管他的互动理念与我们今天使用的非常不同,但越来越多的广播热线电话、参与讨论的电子邮件和短信,看起来确实证明了他的观点。

"广播政治参与"在以其名称命名的两个国际会议上得到了更大的重

视：一个是1999年在英国卡迪夫的会议，另一个是2001年在南非德班的会议。第二次会议的召开，可能要归功于南非总理塔博·姆贝基(Thabo Mbeki)，他认为，在后种族隔离时代的南非，电台作为一种工具，可以在前一个警察国家基础上创建民主政治方面发挥重要作用。20世纪90年代，姆贝基鼓励在推进民主进程中使用广播，特别是作为一种重视受众意见的双向交流媒介。这对于一个识字率非常低的国家而言，尤其适用。

广播对政治进程的贡献当然不是新鲜事。它植根于公共服务广播的概念中，尽管美国商业广播中也有很多关于民主讨论和辩论的例子。斯坎内尔一直是公共服务广播中广播政治参与特性的主要倡导者，他对公共服务广播和当代公共生活的描述就包含了这些话：

> 我想主张广播应该以其目前的形态存在，作为一种公共产物，从其出现到今天，在公共和私人竞争中，对日常生活的民主化已经默默作出了贡献。(Scannell, 1992:317)

斯坎内尔颇为有力地指出，通过把政治家和政治辩论带到麦克风前，BBC对20世纪的英国产生了强大的(尽管有缺陷)民主影响力。值得注意的是，对于斯坎内尔和哈特利来说，广播的"广播政治参与"特性不是一种简单的政治现象(如新闻和时事报道)。在广播出现之前，向一般公众介绍文化和娱乐活动是不可能的，但它也具有民主化参与的功能，"通过将政治、宗教、公民、文化活动和娱乐放在一个一般性的领域，公共生活以前所未有的方式获得了平等"(Scannell, 1992:317)。

并不是每个人都同意广播与民主有特殊的关系，正如"广播政治参与"词条所暗示的那样。当广播的功能是像在纳粹德国时期或卢旺达种族灭绝期间那样进行灌输式传播时，它也可能会成为民主的敌人(参见"宣传""仇恨广播"词条)。社区广播可以真诚地体现广播的政治参与，但它又易于忽略其原初的本意。对公共领域作出重要贡献、很好践行社区广播理念的电台，也很容易偏离其使命。在一个多元文化的社区里，社区电台的传播对象是谁？此外，如果有少数狂热者经营一家电台，也存在他们有可能变得根深蒂固而社区的其他成员则被排除在外的危险(Hendy,2000:199)。成功的社区广播也有可能被接管或变得"专业化",正如发生在加州伯克利的 KPFA,从一个 20 世纪 50 年代反对朝鲜战争和大麻的合法电台,成为主流媒体的一部分(Walker,2001:159-161)。

❷ 思考问题

1."一个社区如何定义自身?是什么将其成员与现代相关生活的'想象社区'联系在了一起?是什么将该共同体与其代表主体以及整个世界联系在了一起?较小的群体,尤其是偏远、边缘、被剥夺权利或受压迫的群体,如何在其他群体中争取自己的地位?"纵观广播发展的历史,广播在其中扮演了何种角色,发挥了什么样的媒体价值?

2.试举例分析广播"作为一种公共产物,从其出现到今天,在公共和私人竞争中,对日常生活的民主化已经默默作出了贡献。"

● 延伸阅读

Hartley, J. (2000) 'Radiocracy: sound and citizenship', *International Journal of Cultural Studies*, 3 (2):153-9.

Scannell, P. (1992) 'Public service broadcasting and modern public life', in P. Scannell, P. Schlesinger and C. Sparks (eds) *Culture and Power: A Media Culture on Society Reader*. London: Sage.

参考文献

Adams, M. and Phipp, S. (2004) 'Low-power radio/microradio', in C. Sterling (ed.), *The Museum of Broadcast Communications Encyclopedia of Radio*, Vol. 2. New York: Fitzroy Dearborn. pp. 885-7.

Albarran, A. (2004) 'Clear Channel Communications Inc.', in C. Sterling (ed.), *The Museum of Broadcast Communications Encyclopedia of Radio*, Volume 1. New York: Fitzroy Dearborn. p. 341.

Algan, E. (2005) 'The role of Turkish local radio in the construction of a youth community', *The Radio Journal: International Studies in Broadcast and Audio Media*, 3 (2): 75-92.

Alia, V. (2004) 'Indigenous radio in Canada', in A. Crisell (ed.), *More than a Music Box: Radio Cultures and Communities in a Multi-media World*. New York: Berghahn Books. pp. 77-94.

Anderson, B. (1983) *Imagined Communities*. London: Verso.

Anderson, S. (2004) 'Internet radio: delivering radio programs online', in C. Sterling (ed.), *The Museum of Broadcast Communications Encyclopedia of Radio*, Volume 2. New York: Fitzroy Dearborn. pp. 756-8.

Atkinson, K. and Moores, S. (2003) '"We all have bad days". Attending to face in broadcast troubles talk', *The Radio Journal: International Studies in Broadcast and Audio Media*, 1 (2): 129-46.

Avery, T. (2006) *Radio Modernism: Literature, Ethics, and the BBC, 1922 – 1938*. Aldershot: Ashgate.

Barnard, S. (2000) *Studying Radio*. London: Arnold.

Barnett, S. and Seymour, E. (1999) *A Shrinking Iceberg Travelling South, Changing Trends in British Television: a case study of drama and current affairs*. London: Campaign for Quality Television.

Bassett, C. (2003) 'How many movements?', in M. Bull and L. Black (eds), *The Auditory Culture Reader*. Oxford: Berg. pp. 343-55.

Berry, R. (2006) 'Will the iPod kill the radio star? Profiling podcasting as radio', *Convergence*, 12 (2): 143-62.

Born, G. (2004) *Uncertain Vision: Birt, Dyke and the Reinvention of the BBC*. London: Secker and Warburg.

Brand, G. and Scannell, P. (1991) 'Talk, identity and performance: The Tony Blackburn Show', in P. Scannell (ed.), *Broadcast Talk*. London: Sage. pp. 201-26.

Brendon, P. (2000) *The Dark Valley: A Panorama of the 1930s*. London: Jonathan Cape.

Bull, M. (2005) 'No dead air. The iPod and the culture of mobile listening', *Leisure Studies*, 24 (4): 343-55.

Bull, M. and Back, L. (eds) (2003) *The Auditory Culture Reader*. Oxford: Berg.

Carver, R. (2000) 'Broadcasting and political transition', in R. Fardon and G. Furniss (eds), *African Broadcast Cultures*. Oxford: James Currey. pp. 188-97.

Chignell, H. (2007) 'The London Broadcasting Company/Independent Radio News archive', *Twentieth Century British History*, 18 (4): 514-25.

Chignell, H. and Devlin, J. (2007) 'John Peel's "Home Truths"', *The Radio Journal: International Studies in Broadcast and Audio Media*, 4 (1): 69-81.

Crisell, A. (1994) *Understanding Radio*, 2nd edn. London: Routledge.

Crisell, A. (ed.) (2004) *More than a Music Box: Radio Cultures and Communities in a Multimedia W*. New York: Berghahn Books.

Crook, T. (1998) *International Radio Journalism*. London: Routledge.

Crook, T. (1999) *Radio Drama: Theory and Practice*. London: Routledge.

Dang, T. (2008) 'Radio and its listenership in the Internet age: a case study of Voice of Vietnam and Voice of Vietnam News', unpublished PhD thesis, Bournemouth University.

Donovan, P. (1998) *All Our Todays: Forty Years of the Today Programme*. London: Arrow Books.

Douglas, S. (1999) *Listening in: Radio and the American Imagination, from Amos 'n' Andy and Edward R. Murrow to Wolfman Jack and Howard Stern*. New York: Random House.

Dunn, A. (2003) 'Telling the story: narrative and radio news', *The Radio Journal: International Studies in Broadcast and Audio Media*, 1 (2): 113-27.

Ellis, E. and Shane, E. (2004) 'Talk radio', in C. Sterling (ed.), *The Museum of Broadcast Communications Encyclopedia of Radio*, Vol. 3. New York: Fitzroy Dearborn. pp. 1369-74.

Ellis, J. (2000) *Seeing Things*. London: I. B. Tauris.

Ellis, S. L. (2004) 'Transistor radios', in C. Sterling (ed.), *The Museum of Broadcast Communications Encyclopedia of Radio*, Vol 3. New York: Fitzroy Dearborn. pp. 1413-4.

Everett, (1999) *www.jiscmail.ac.uk*. Radio Studies, 1 March.

Fardon, R. and Furniss, G. (eds) (2000) *African Broadcast Cultures*. Oxford: James Currey.

Flintoff, C. (2004) 'National Public Radio', in C. Sterling (ed.), *The Museum of Broadcast Communications Encyclopedia of Radio*, Vol 2. New York: Fitzroy Dearborn. pp. 1000-6.

Franklin, B., Hamer, M., Hanna, M., Kinsey, M. and Richardson, J. (2005) *Key Concepts in Journalism Studies*. London: Sage.

Garner, K. (1993) *In Session Tonight: The Complete Radio 1 Recordings*. London: BBC Books.

Gilliam, L. (1950) *BBC Features*. London: Evans Brothers.

Gordon, J. (2006) 'A comparison of a sample of new British community radio stations with a parallel sample of established Australian community radio stations', *3C Media, Journal of Community, Citizen's and Third Sector Media and Communication* 2: 1-16.

Gray, F. (2004) 'Fireside issues: audience, listener, soundscape', in A. Crisell (ed.), *More than a Music Box: Radio Cultures and Communities in a Multi-media World*. New York: Berghahn Books. pp. 247-62.

Habermas, J. (1989) *Structural Transformation of the Public Sphere*. Cambridge: Polity.

Harman, J. (2004) 'Recording and studio equipment', in C. Sterling (ed.) *The Museum of Broadcast Communications Encyclopedia of Radio*, Vol 3. New York: Fitzroy Dearborn. pp. 1187-93.

Hartley, J. (2000) 'Radiocracy: sound and citizenship', *International Journal of Cultural Studies*, 3 (2): 153-9.

Haworth, J. (2000) 'Women in radio news: making a difference?', in C. Mitchell (ed.),

Women and Radio: Airing Differences. London: Routledge. pp. 250-61.

Hendy, D. (2004) '"Reality radio": the documentary', in A. Crisell (ed.), *More than a Music Box: Radio Cultures and Communities in a Multi-media World*. New York: Berghahn Books. pp. 167-88.

Hendy, D. (2000) *Radio in the Global Age*. London: Polity Press.

Hendy, D. (2007) *Life on Air: A History of Radio Four*. Oxford: Oxford University Press.

Hickman, T. (1995) *What Did You Do in the War, Auntie?* London: BBC Books.

Higgins, C. S. and Moss, P. D. (1982) *Sounds Real: Radio and Everyday Life*. St Lucia: University of Queensland Press.

Hilliard, H. L. and Keith, M. C. (2005) *The Quieted Voice: The Rise and Demise of Localism in American Radio*. Carbondale, IL: Southern Illinois University Press.

Hilmes, M. (1997) *Radio Voices: American Broadcasting, 1922 – 1952*. Minneapolis, MN: University of Minnesota Press.

Hilmes, M. and Loviglio, J. (eds) (2002) *Radio Reader: Essays in the Cultural History of Radio*. New York: Routledge.

Holland, P. (2006) *The Angry Buzz: 'This Week' and Current Affairs Television*. London: I. B. Tauris.

Hutchby, I. (1991) 'The organization of talk on talk radio', in P. Scannell (ed.), *Broadcast Talk*. London: Sage. pp. 119-38.

Jallov, B. (2005) 'Assessing community change: development of a "bare foot" impact assessment methodology', *The Radio Journal: International Studies in Broadcast and Audio Media*, 3 (1):21-34.

Kang, S. (2004) 'Fairness Doctrine: controversial issue broadcasting policy', in C. Sterling (ed.), *The Museum of Broadcast Communications Encyclopedia of Radio*, Vol 2. New York: Fitzroy Dearborn. pp. 563-6.

Keith, M. (2004) 'Norman Corwin', in C. Sterling (ed.), *The Museum of Broadcast Communications Encyclopedia of Radio*, Vol 1. New York: Fitzroy Dearborn. pp. 405-8.

Keith, M. and Hilliard, R. (2004) 'Hate radio', in C. Sterling (ed.), *The Museum of Broadcast Communications Encyclopedia of Radio*, Vol 2. New York: Fitzroy Dearborn. pp. 694-5.

Keith, M. and Sterling, C. (2004) 'Disc jockeys, in C. H. Sterling (ed.), *Encyclopedia of*

Radio. New York: Fitzroy Dearborn. pp. 471-3.

Kelly Huff, W. Kelly and Sterling, C. (2004) 'AM Radio', in C. Sterling, (ed.) *The Museum of Broadcast Communications Encyclopedia of Radio*, Volume 1. New York: Fitzroy Dearborn: 83-5.

Lacey, K. (2002) 'Radio in the Great Depression: promotional culture, public service and propaganda', in M. Hilmes and J. Loviglio (eds), *Radio Reader: Essays in the Cultural History of Radio*. New York: Routledge. pp. 21-40.

Land, J. (1999) *Active Radio: Pacifica's Brash Experiment*. Minneapolis: University of Minnesota Press.

Lewis, P. (2004) 'Opening and closing doors: radio drama in the BBC', *The Radio Journal: International Studies in Broadcast and Audio Media*, 1 (3): 161-76.

Ligaga, D. (2005) 'Enacting the quotidian in Kenyan radio drama: "Not Now" and the narrative of forced marriage', *The Radio Journal: International Studies in Broadcast and Audio Media*, 3 (2): 107-19.

Limburg, V. (2004) 'Murrow, Edward R. 1908 – 1965' in C. Sterling (ed.), *The Museum of Broadcast Communications Encyclopedia of Radio*, Vol 2. New York: Fitzroy Dearborn. pp. 966-9.

Linfoot, M. (2007) 'Voices – sharing unheard stories on BBC Local Radio', *The Radio Journal: International Studies in Broadcast and Audio Media*, 4 (1-3): 125-40.

Lockyer, S. and Pickering, M. (2005) *Beyond a Joke: The Limits of Humour*. Basingstoke: Palgrave Macmillan.

Long, P. (2006) 'The primary code: the meanings of John Peel, radio and popular music', *The Radio Journal: International Studies in Broadcast and Audio Media*, 4 (1-3): 25-48.

Loviglio, J. (2005) *Radio's Intimate Public: Network Broadcasting and Mass-Mediated Democracy*. Minneapolis, MN: University of Minnesota Press.

MacFarland, D. T. (1997) *Future Radio Programming Strategies: Cultivating Listenership in the Digital Age*. Mahwah, NJ: Lawrence Erlbaum.

Mano, W. (2005) 'Scheduling for rural and urban listeners on bilingual Radio Zimbabwe', *The Radio Journal: International Studies in Broadcast and Audio Media*, 3 (2): 93-106.

Mason, M. (1971) *The Listener*, 18 November 1971, quoted in D. Hendy (2007) *Life On Air: A*

History of Radio Four. Oxford: Oxford University Press.

McLuhan, M. (1994) *Understanding Media: The Extensions of Man*. Boston, MA: MIT Press.

Mitchell, C. (ed.) (2000) *Women and Radio: Airing Differences*. London: Routledge.

Mitchell, J. (2002) 'Lead us not into temptation: American public radio in a world of infinite possibilities', in M. Hilmes and J. Loviglio (eds), *Radio Reader: Essays in the Cultural History of Radio*. New York: Routledge. pp. 405-22.

Montgomery, M. (1986) 'DJ talk', *Media, Culture and Society*, 8: 421-40.

Moore, P. (2003) 'Legacy. Fourth phase public service broadcasting in Northern Ireland', *The Radio Journal: International Studies in Broadcast and Audio Media*, 2 (1): 87-100.

Murray, M. (2002) '"The Tendency to Deprave and Corrupt Morals" Regulation and irregular sexuality in golden age radio comedy', in M. Hilmes and J. Loviglio (eds), *Radio Reader: Essays in the Cultural History of Radio*. New York: Routledge. pp. 135-56.

Murray Shafer, R. (2003) 'Open Ears' in M. Bull and L. Black (eds), *The Auditory Culture Reader*. Oxford: Berg. pp. 25-39.

Myers, M. (2000) 'Community radio and development: issues and examples from Francophone West Africa', in R. Fardon and G. Furniss (eds), *African Broadcast Cultures*. Oxford: James Currey. pp. 90-101.

Mytton, G. (2004) 'Africa', in C. Sterling (ed.), *The Museum of Broadcast Communications Encyclopedia of Radio*, Vol 1. New York: Fitzroy Dearborn. pp. 17-22.

Nicholas, S. (1996) *The Echo of War: Home Front Proaganda and the Wartime BBC*, 1939–45. Manchester: Manchester University Press.

O'Connor, A. (ed.) (2004) *Community Radio in Bolivia: The Miners' Radio Stations*. Lewiston: The Edwin Mellen Press.

Ofcom (Office of Communications) (2004) *Radio – Preparing for the Future, Phase 1: Developing a New Framework*. London: Office of Communications.

Ong, W. (1988) *Orality and Literacy*. London: Routledge.

Peel, J. and Ravenscroft, S. (2005) *Margrave of the Marshes*. London: Bantam Press.

Priestman, C. (2002) *Web Radio: Radio Production for Internet Streaming*. Oxford: Focal Press.

Radway, J. (1991) *Reading the Romance*. Chapter Hill: University of North Carolina Press.

Riismandel, P. (2002) 'Radio by and for the public: the death and resurrection of low-power radio', in M. Hilmes and J. Loviglio (eds), *Radio Reader: Essays in the Cultural History of Radio.* New York: Routledge. pp 423-50.

Rothenbuhler, E. and McCourt, T. (2002) 'Radio redefines itself, 1947 – 1962', in M. Hilmes and J. Loviglio (eds), *Radio Reader: Essays in the Cultural History of Radio.* New York: Routledge. pp. 367-88.

Scannell, P. (1991) *Broadcast Talk.* London: Sage.

Scannell, P. (1992) 'Public service broadcasting and modern public life', in P. Scannell, P. Schlesinger and C. Sparks (eds) *Culture and Power: A Media Culture an Society Reader.* London: Sage.

Scannell, P. (1996) *Radio, Television and Modern Life.* Oxford: Blackwell.

Scannell, P. (2007) *Media and Communication.* London: Sage.

Scannell, P. and Cardiff, D. (1991) *A Social History of British Broadcasting, Volume* 1: 1922 – 1939. Oxford: Blackwell.

Shingler, M. and Wieringa, C. (1998) *On Air: Methods and Meanings of Radio.* London: Arnold.

Skues, K. (1994) *Pop Went the Pirates.* Sheffield: Lamb's Meadow Publications.

Smith, B. R. (2003) 'Tuning into London c. 1600', in M. Bull and L. Back (eds), *The Auditory Culture Reader.* Oxford: Berg. pp. 127-35.

Smith, J. E. (2002) 'Radio's "cultural front", 1938 – 1948', in M. Hilmes and J. Loviglio (eds), *Radio Reader: Essays in the Cultural History of Radio.* New York: Routledge. pp. 209-30.

Smulyan, S. (1994) *Selling Radio: The Commercialization of American Broadcasting* 1920 – 1934. Washington, DC: Smithsonian Institution Press.

Starkey, G. (2004a) *Radio in Context.* Basingstoke: Palgrave Macmillan.

Starkey, G. (2004b) 'BBC Radio 5 Live: extendingchoice through "Radio Bloke"?', in A. Crisell (ed.), *More than a Music Box: Radio Cultures and Communities in a Multimedia World.* New York: Berghahn Books. pp. 21-38.

Stearn, G. E. (1968) *McLuhan: Hot and Cool.* London: Penguin Books.

Sterling, C. (ed.) (2004a) *The Museum of Broadcast Communications Encyclopedia of Radio*, Vols 1 – 3. New York: Fitzroy Dearborn.

Sterling, C. (2004b) 'FM radio' in C. Sterling (ed.), *The Museum of Broadcast Communica-*

tions Encyclopedia of Radio, Vol 2. New York: Fitzroy Dearborn. pp. 602-8.

Sterling, C. (2004c) 'Receivers', in C. Sterling (ed.), *The Museum of Broadcast Communications Encyclopedia of Radio*, Vol 3. New York: Fitzroy Dearborn. pp. 1183-7.

Street, S. (2002) *A Concise History of British Radio*, 1922 – 2002. Tiverton: Kelly.

Street, S. (2004) 'Programme-makers on Parker: occupational reflections on the radio production legacy of Charles Parker', *The Radio Journal: International Studies in Broadcast and Audio Media*, 2 (3): 187-94.

Street, S. (2006a) *Crossing the Ether: British Public Service Radio and Commercial Competition 1922 – 1945*. Eastleigh: John Libbey.

Street, S. (2006b) *Historical Dictionary of British Radio*. Lanham, MD: The Scarecrow Press.

Tacchi, J. (2003) 'Nostalgia and radio sound', in M. Bull and L. Back (eds), *The Auditory Culture Reader*. Oxford: Berg. pp. 281-95.

Taylor-McCain, J. (2007) 'Pre-war radio development and design', Centre for Broadcasting History Research, Bournemouth University lecture series, 1 March.

Terrence Gordon, W. (1997) *Marshall McLuhan: Escape into Understanding, a Biography*. New York: Basic Books.

Thibaud, J. (2003) 'The sonic composition of the city', in M. Bull and L. Back (eds), *The Auditory Culture Reader*. Oxford: Berg. pp. 329-41.

Thompson, E. (2004) *The Soundscape of Modernity: Architectural Acoustics and the Culture of Listening in America*, 1900 – 1933. Cambridge, MA: MIT Press.

Thumin, J. (2004) *Inventing Television Culture: Men, Women and the Box*. Oxford: Oxford University Press.

Tolson, A. (2006) *Media Talk: Spoken Discourse on TV and Radio*. Edinburgh: Edinburgh University Press.

Tracey, M. (1998) *The Decline and Fall of Public Service Broadcasting*. Oxford: Oxford University Press.

van Selm, M., Jankowski, N. and Kleijn, B. (2004) 'Dutch web radio as a medium for audience interaction', in A. Crisell (ed.), *More than a Music Box: Radio Cultures and Communities in a Multi-media World*. New York: Berghahn. pp. 265-82.

Wagg, S. (ed.) (1998) *Because I Tell a Joke or Two: Comedy, Politics and Social Difference*.

London: Routledge.

Walker, J. (2001) *Rebels on the Air: An Alternative History of Radio in America*. New York: New York University Press.

Wall, M. (2004) *John Peel*. London: Orion.

Wall, T. (2004) 'The political economy of Internet music radio', *The Radio Journal: International Studies in Broadcast and Audio Media*, 2 (1): 27-44.

Williams, R. (1974) *Television: Technology and Cultural Form*. London: Fontana.

译后记

2009年夏天,逗留英国一年临走前在牛津街上一家书店的书架顶层,我发现了 Key Concepts in Radio Studies 这本书。一翻之下喜爱异常:首次用50个概念讲清楚了广播学理论的核心问题;首次打通了广播史、广播理论、媒体融合之下的新媒体语境;首次纵横捭阖论英美广播,打通了世界广播研究的国别藩篱;语言干净、逻辑性强,干货不干巴,启发的灵感一闪再闪……付完钱接过书的瞬间定格,此番想来恍若昨天。

2010年夏天,我见到了国内第一个"广播学"硕士董朗。对于第一次带学生的我来说,考虑得少,直接说"你来和我一起翻译这本书吧"。董朗花了一个暑假在天津埋头翻译,我在江苏一个小单元里汗流浃背地改,改了20多个核心概念,假期就结束了。

2018年12月,经各种辗转我来到英国伯恩茅斯大学(BU)访学一年。圣诞节前的BU清冷,在见媒体史研究中心主任之前,怎么觉得Hugh Chignell的名字在哪里见过,这才想起就印在 Key Concepts in Radio Studies 一书的封面上。以后7个月的时间里,每周两个小时,我开始重新翻译这本书,Hugh解答我每星期攒下的疑问,实际上也是给我讲了一遍西方广播史。现在想来,有时候我迟到了,Hugh要上课,就坐在教室下面的食堂里等我,在嘈杂的人声中,我们探讨这些严肃的学术问题,竟丝毫不受影响……2019年夏天,Hugh交给我他新写给咱们中国读者的序,说这本中文版的书应该算是英文版的第二版,因为他跟我一起改写了很多内容。书中所谈及的英国广播研究大家,无论是幽默风趣的Andrew Crisell教授,还是恢宏大气的

David Hendy 教授,抑或浑身诗人儒雅气质的 Sean Street 教授……相见点滴,都可见声音之下与生命融合的赤子之心。Hugh 与他们相同,又不同,史学家的清冷,清冷到在大英博物馆的又一新书推介会上,我眼见 Hugh 对老朋友都是淡然处之。

2019 年我回国,很快新冠疫情暴发了。这之前,我找了几个电台的台长或者总编,也申请了学校的图书出版资助,还找了北京大学出版社、中国社会科学出版社等出版单位,但很遗憾,都没能找到出版资助。想起 2013 年董朗临毕业时和我说的找不到钱咱们自己出钱的话,我决定拿出全年工资的一小半来支付出版费,谁让知识本就昂贵,谁让 10 年前我与之相遇,谁让书中文字字字珠玑,谁让近 60 个小时、7 个月与 Hugh"漠视"周遭一切的讨论,谁让我付出近 20 年在广播学研究这个行当里,未曾离开过。

兜兜转转,2020 年夏天,李舒院长领导下的传播研究院班子同意资助本书出版!与我心有戚戚的中国广播影视出版社的优秀责编丽丹,在最后一刻放弃了向英国出版社购买本书的版权,版权回到了中国传媒大学出版社。出版社从专业的视角,提出了修改意见:每一关键词后加入"思考问题",于是我添加了。特别感谢我的责编于水莲老师,兢兢业业,多次与我探讨译文细节,克服疫情困难,终于促成此书出版。

《广播学核心概念》(Key Concepts in Radio Studies)这本书,10 年来不过时却直击当下新问题、新现象,是一本真正关于广播学基础理论的力作:写出了广播的本质,在人类传播历史和新媒体发展的双重语境下,洞悉着声音传播的未来。

译者水平有限,疏漏谬误之处,敬请各位读者斧正。

孟伟

2022 年 3 月 4 日

图书在版编目(CIP)数据

广播学核心概念 /(英)修·切格内尔(Hugh Chignell)著;孟伟译. -- 北京:中国传媒大学出版社,2022.3
(传播大讲堂论丛)
ISBN 978-7-5657-3133-4

Ⅰ.①广… Ⅱ.①修… ②孟… Ⅲ.①广播工作—教材 Ⅳ.①G22

中国版本图书馆 CIP 数据核字(2021)第 274982 号

Key Concepts in Radio Studies© Hugh Chignell 2009
本书中文简体中文字版专有翻译出版权由 SAGE Publications, Ltd. 公司授予中国传媒大学出版社。未经许可,不得以任何手段和形式复制或抄袭本书内容。
北京市版权局著作权合同登记图字:01-2021-4810

广播学核心概念
GUANGBOXUE HEXIN GAINIAN

著　　者	[英]修·切格内尔(Hugh Chignell)
译　　者	孟　伟
责任编辑	于水莲
责任印制	李志鹏
封面设计	风得信设计·阿东
出版发行	中国传媒大学出版社
社　　址	北京市朝阳区定福庄东街1号　　邮　编 100024
电　　话	86-10-65450528　65450532　　传　真 65779405
网　　址	http://cucp.cuc.edu.cn
经　　销	全国新华书店
印　　刷	唐山玺诚印务有限公司
开　　本	710mm×1000mm　1/16
印　　张	15.75
字　　数	258 千字
版　　次	2022 年 3 月第 1 版
印　　次	2022 年 3 月第 1 次印刷
书　　号	ISBN 978-7-5657-3133-4/G·3133　　定　价 69.80 元

本社法律顾问:北京李伟斌律师事务所　郭建平
版权所有　翻印必究　印装错误　负责调换